Libro de Trabajo para analizar personas

Ejercicios prácticos: analizar la comunicación verbal y el lenguaje corporal — Persuadir Gente — Controlar la Mente

Dale McLeo

Tabla de contenido

Introducción 1

Capítulo 1: Ejercicios Prácticos Para Mejorar La Capacidad De Analizar La Comunicación Verbal 2

Comunicación intrapersonal 8

Comunicación interpersonal 10

Comunicación en Grupos Pequeños 11

Comunicación en Grupo Grande 12

Elementos de comunicación verbal 15

Ejercicio 1: Instigador de Rumores 19

Ejercicio 2: Juego De Roles 20

Ejercicio 3: Rotación De Libros 21

Ejercicio 4: Simple Sí O No 21

Ejercicio 5: juego de construcción 22

Ejercicio 6: actividad de escuchar 23

Ejercicio 7: Vendar los ojos 24

Capítulo 2: Ejercicios prácticos para leer el lenguaje corporal 27

Ejercicio 1: mancha ocular 30

Ejercicio 2: una situación difícil 30

Ejercicio 3: las acciones demuestran mas que las palabras 31

Ejercicio 4: El mundo como lo conoce tu personaje 31

Ejercicio 5: un encuentro no tan normal 32

Ejercicio 6: Lista de gestos...32

Ejercicio 7: escena silenciosa 33

Ejercicio 8: comunicación no verbal 33

Ejercicio 9: emociones no verbales 33

Ejercicio 10: Indicador de imagen no verbal 34

Ejercicio 11: estado alto/estado bajo 34

Ejercicio 12: escena de subtexto 35

Ejercicio 13: buen oyente/mal oyente 35

Ejercicio 14: un hablador/uno no...36

Ejercicio 15: Juzgar...36

Ejercicio 16: Alineándose 36

Ejercicio 17: Diseñando juntos 37

Ejercicio 18: Escena Improv. 38

Ejercicio 19: Espejos... 38

Ejercicio 20: Charadas 39

Ejercicio 21: interpretaciones de fotos 39

Ejercicio 22: Juego de Adivina la película 40

Ejercicio 23: expresiones opuestas.. 41

Ejercicio 24: Actuación de la tira de papel.................................... 41

Ejercicio 25: hacer una película muda 42

Ejercicio 26: Sigue al líder 42

Ejercicio 27: dibujar y explicar 43

Ejercicio 28: presenta a tu amigo 43

Ejercicio 29: atrapar un pollo... 43

Ejercicio 30: Diálogos de conjetura de una película muda 44

Ejercicio 31: imitador.. 44

Ejercicio 32: comunicación inalámbrica 45

Ejercicio 33: alfabéticamente.. 45

Ejercicio 34: truco mental de Jedi 46

Ejercicio 35: nudo humano 46

Ejercicio 36: Dibujo grupal 47

Capítulo 3: Ejercicios prácticos para persuadir a las

personas 48

Ejercicio 1: Vestir de acuerdo con la Ocasión en Todo Momento.. 49

Ejercicio 2: use las palabras correctas cada vez 52

Ejercicio 3: no lo fuerces.. 59

Ejercicio 4: Entiende su lenguaje.. 62

Ejercicio 5: el tiempo lo es todo 66

Ejercicio 6: Usa las emociones para su ventaja.............................. 70

Capítulo 4: Ejercicios prácticos para el control mental 74

Ejercicio 1: hipnosis conversacional 74

Ejercicio 2: el uso de palabras clave hipnóticas 78

Ejercicio 3: evitar pensamientos preocupantes 82

Ejercicio 4: Cree en ti mismo en todo momento............................ 83

Ejercicio 5: nunca te culpes 84

Capítulo 5: Ejercicios prácticos que pueden usarse para prevenir el control mental **86**

Ejercicio 1: no mantenga los ojos en una posición 87

Ejercicio 2: no permita que las personas copien tu lenguaje corporal 90

Ejercicio 3: Sé siempre consciente de un lenguaje extraño 94

Capítulo 6: Comprensión de la manipulación **97**

Cómo usar técnicas de manipulación.. 101

Conclusión..**114**

Referencias **115**

Introducción

Imagine que está teniendo una discusión crucial con alguien, esto podría ser una entrevista de trabajo o una cita. El punto es que quieres poder descifrar su reacción verbal y no verbal.

Ningún libro puede prometer honestamente que podrás descifrar con precisión los pensamientos exactos de alguien. Pero puedes determinar qué emociones están en juego y con eso predecir su próximo curso de acción. Esto es lo más cerca que estarás de leer la mente de alguien, y este libro discute los diversos métodos para hacerlo de una manera comprensiva y alegre.

Pero poder analizar a las personas no se limita a leer señales verbales y no verbales. También aprenderá cómo persuadir a cualquier persona con la que se encuentre, controlar sus mentes y protegerse de la manipulación.

Siendo este un libro de trabajo, vayamos directamente al grano. Disfrutar.

Capítulo 1: Ejercicios Prácticos Para Mejorar La Capacidad De Analizar La Comunicación Verbal

Dado que la comunicación se conoce simplemente como el acto de usar señales, signos, palabras o comportamientos para expresar ideas, pensamientos, sentimientos, etc., ha resultado ser tan crucial como el aire que respiramos. No es difícil entender por qué. Los seres humanos no serán exactamente quienes son si no tuvieran la capacidad de comunicarse. El hombre se nutre del hecho de que puede expresar sus sentimientos y opiniones cuando lo necesite o lo desee. Vemos cuán crucial es para el hombre comunicarse sobre cuán desesperado es un hombre sordo o tonto, o un hombre sordo y tonto para ser sanado.

La incapacidad para hablar convenientemente se considera una discapacidad y una limitación. Aunque las personas que se encuentran en tales situaciones se adaptan rápidamente y aprenden otras formas de comunicarse, la discapacidad todavía los limita, de una forma u otra. Los animales hacen sonidos para comunicarse entre sí. Y si son domésticos, para comunicarse con sus dueños.

Un perro ladrará para alertar a su dueño de la llegada de un extraño o cualquier otra cosa que sienta que su dueño debería ver de inmediato. Cuando se quejan, probablemente sienten dolor, hambre o simplemente buscan atención. Lo mismo ocurre con otros animales, incluido el hombre. Cada especie tiene su propia forma única de comunicarse y transmitir señales importantes. Es interesante, por decir lo menos, que cada animal existente se comunique de una forma u otra.

El hombre se considera a sí mismo como un animal social. Hay una necesidad desesperada de que él se relacione con los demás, que trabaje con ellos. Hay una necesidad de comprensión, amor, cuidado, compañía y protección. Estas necesidades suyas solo pueden satisfacerse a través de la comunicación.

La histórica Torre de Babel iba a ser el primer "rascacielos" de la historia. Los constructores tenían un idioma y un interés. Podrían comunicarse efectivamente entre sí y discutir una estrategia. Esto los hizo simplemente imparables cuando comenzaron el proyecto y no iban a fallar. La única forma de detenerlos era poner una barrera de comunicación. Eso funciono. Hoy, hemos recurrido al uso de idiomas oficiales para cerrar la brecha de los diferentes idiomas nativos, de modo que aún podamos reunirnos en actividades mundiales como los Juegos Olímpicos, la Copa Mundial, concursos de escritura, canto, baile, concursos de arte y otros. Sin el uso de un lenguaje común, todo esto hubiera sido imposible.

Durante siglos, hemos escuchado cosas buenas que se desmoronan debido a la insuficiencia de la comunicación entre los involucrados.

Un matrimonio, por ejemplo, se nutre de la preparación y la capacidad de la pareja para comunicarse de manera efectiva. Se espera que ambas partes puedan expresar honestamente sus sentimientos y decir cuándo están lastimadas para que las cosas se puedan arreglar. Dejar las cosas desatendidas durante mucho tiempo porque la parte ofendida no comunica su desagrado eventualmente conduce a la creación de una grieta que inevitablemente continúa ensanchándose hasta que se comuniquen.

En el lugar de trabajo, un ejecutivo debe comprender las habilidades de comunicación efectiva para lograr sus objetivos utilizando recursos humanos. La capacidad de interpretar correctamente el mensaje en una pieza de información es algo en gran medida relativo a los humanos. Esto tiene que ver con la inteligencia muchas veces, explicando sucintamente la razón por la cual en un aula de veinte alumnos, diez estudiantes obtendrán puntajes altos en un examen, mientras que los otros diez tendrán un puntaje promedio y bajo en un tema que se les enseñó a todos. por el mismo profesor de la misma manera.

Algunos padres quedan perplejos cuando un alumno considerado débil en matemáticas cambia a su maestro y comienza a comprender lo que se le está enseñando en la materia. Muchos concluyen que el ex maestro no hizo bien su trabajo. Si bien eso a veces es cierto, no siempre es así. Deberíamos hacer preguntas como: ¿Qué pasa si al alumno no le gusta el maestro? ¿Qué pasa si el alumno no estaba acostumbrado al estilo del maestro? El hombre, al ser un animal complejo, no siempre es compatible con cada miembro de su especie, y esto a veces afecta su simpatía por la otra persona y, a la larga, su comprensión precisa de lo que sea que intenten comunicarle.

Por lo tanto, el estilo de comunicación preferido siempre es un factor importante por considerar al decidir sobre la compatibilidad con otra persona. Los tipos de comunicación que existen, comunicaciones verbales, no verbales y escritas, son individual y totalmente cruciales para la prosperidad del hombre como ser social.

Los temperamentos del hombre se han dividido en sanguíneos, coléricos, melancólicos y flemáticos. Se ha encontrado que cada uno de estos temperamentos tiene diferentes preferencias para tipos de comunicación particulares. Los optimistas que son considerados extrovertidos prefieren usar la comunicación verbal y lo hacen muy fuerte. Se ha dicho que un sanguíneo entra primero a una habitación con la boca. Por lo general, es ruidoso y jovial, y muchas veces muy bueno en el uso de las palabras, lo que hace que la gente se ría y disfrute de su compañía en general. Se ha encontrado que su humor es contagioso, que tiene la capacidad de ver el lado divertido de cada situación y discutirlo de la manera más divertida. Le encanta hablar en público y su voz es muchas veces agradable de escuchar.

El colérico, que es un pariente cercano del sanguíneo, se comunica bien verbalmente. Por lo general, no es tan ruidoso como el optimista, pero también puede usar bien las palabras.

El introvertido es la melancolía, está más inclinado a los modos de comunicación no verbales y escritos. Debido a que le gusta quedarse solo muchas veces, no habla tanto como lo hacen los optimistas y coléricos. Por lo general, solo encuentra su pasión y se sumerge en ella. Muchas veces, esa pasión es en medicina, investigación, escritura, artes o música. Cuando usa la comunicación verbal, la usa bien.

El introvertido extremo, el flemático, se guarda para sí mismo con más frecuencia que la melancolía y su modo preferido de comunicación es similar a la melancolía. En general, se lo considera gentil y tranquilo, por lo que los niños se calientan con él más fácilmente. Dependiendo de la categoría de temperamento a la que pertenece una persona, generalmente tienen una forma preferida de comunicarse con sus semejantes.

La comunicación verbal es muy útil, conveniente y permite mucha expresividad. Las emociones se leen más fácilmente cuando la comunicación se realiza cara a cara. La comunicación no verbal, por otro lado, implica el uso de signos, símbolos, expresiones faciales, señales oculares y lenguaje corporal para comunicarse. Si bien no es exactamente suficiente para ser utilizado como un modo de comunicación primario o singular, algunas personas lo adoptan porque tienen una capacidad limitada para usar las otras formas de comunicación debido a una discapacidad.

La incapacidad para escuchar o hablar los limita y para tener la mejor vida normal, deben aprender a comunicar sus sentimientos sin hablar. Es decir, deben aprender a usar formas de comunicación que no sean verbales. Los animales, como los gorilas, pueden decirle a un hombre que están asustados al poner la palma de la mano sobre el pecho y pretender respirar con dificultad. Se dice que los gatos profesan amor a sus dueños cuando abren y cierran los ojos suavemente.

La comunicación no verbal a menudo mejora la eficacia de la comunicación verbal. No es suficiente con poder hablar. La gente suele escuchar más que solo las palabras que hablamos. Nuestro lenguaje corporal es muy importante para las personas y, aunque podemos decir que sí, nuestro lenguaje corporal puede decir que no y eso nos hace parecer poco dispuestos o deshonestos. Por razones comprensibles, las personas están más preocupadas por nuestro lenguaje corporal general que lo que dijimos en realidad. Usan nuestro lenguaje corporal para juzgar si lo que decimos es verdad.

Por encima de los modos de comunicación no verbal y escrita, la comunicación verbal es la principal. Ayuda a transmitir mensajes más rápido, más fácil y más claramente. No es que no sea posible picar palabras y confundir a los oyentes, pero también es más fácil aclarar las cosas y más rápido. La comunicación verbal se adopta en la atención médica, las escuelas, las iglesias, el lugar de trabajo, etc.

La comunicación verbal es una suma total de los sonidos, palabras, lenguaje y habla que usamos para comunicarnos. Hablar es un método efectivo de comunicación y ayuda a expresar emociones en palabras. La comunicación verbal se divide en comunicación intrapersonal, interpersonal, en grupos pequeños y en grupos grandes.

Comunicación intrapersonal

Esta es la comunicación con uno mismo mediante la vocalización interna o el pensamiento reflexivo, porque la capacidad de hablar con uno mismo y pensar en palabras es una parte importante de la experiencia humana de la conciencia. Tiene lugar en la mente de un individuo. En tal situación, la persona conversa consigo misma, ya sea vocalmente o en sus propias cabezas. Por lo general, esto se llama "diálogo interno" o "discurso interno". Esto podría tomar la forma de un monólogo o, aún más peculiar, y un diálogo interno.

Nadie está exento cuando se trata de tener diálogos internos. En tales escenarios, colóquese en la posición del primer y segundo (o más) oradores y mantenga conversaciones de ida y vuelta, diálogos no menos interesantes. Por divertido que parezca, es un lugar común.

Al igual que otras formas de comunicación, la comunicación intrapersonal se desencadena por algunos estímulos internos o externos. Uno puede, por ejemplo, comunicarse con ellos mismos sobre lo que quieren comer debido al estímulo interno del hambre. También podemos reaccionar intrapersonalmente a un evento que presenciamos.

Hay tres aspectos que rigen la comunicación intrapersonal. Son:

1) **Autoconcepto:** Esto tiene que ver con lo que un individuo concibe de sí mismo. Aquí hay tres factores cruciales en juego: creencias, valores y actitudes.

2) **Percepción:** esto es lo que piensa la mente de la información externa recibida.

3) **Expectativa:** esto es lo que un individuo cree o imagina que sucedería.

La comunicación intrapersonal cumple varias funciones sociales. La vocalización interna, o hablar con nosotros mismos, puede ayudarnos a lograr o mantener el ajuste social. La comunicación intrapersonal también ayuda a construir y mantener nuestro autoconcepto. Comprendemos quiénes somos en función de cómo otras personas se comunican con nosotros y cómo procesamos esa comunicación intrapersonalmente.

También utilizamos la comunicación intrapersonal o "diálogo interno" para desahogarnos, procesar emociones, pensar en algo o ensayar lo que planeamos decir o hacer en el futuro. La comunicación intrapersonal es la base de otros tipos de comunicación verbal. ¿Porque preguntas?

Esto se debe a que lo que sucede en nuestras cabezas y la forma en que nos vemos a nosotros mismos (autoconcepto) informa en gran medida nuestra percepción del mundo. Y cualquier interacción que tengamos con otros dependerá en gran medida de esto.

Comunicación interpersonal

La comunicación interpersonal es el proceso de intercambio de información, ideas, sentimientos y significado entre dos o más personas a través de métodos verbales y / o no verbales. A menudo incluye el intercambio de mensajes cara a cara, que puede tomar la forma de cierto tono de voz, expresiones faciales, lenguaje corporal y gestos. El nivel de las habilidades de comunicación interpersonal se mide a través de la efectividad del significado transferido a través del mensaje.

En la comunicación interpersonal, el tono de voz, el lenguaje corporal, las expresiones faciales y otros tienen una buena oportunidad en el camino de determinar cómo la otra persona recibirá lo que se dice. Son tan importantes como las palabras pronunciadas.

Cuatro factores están en juego con la comunicación interpersonal:

1. **Inevitable:** si elige hablar o no, comunicará algo a la otra persona. Elegir permanecer en silencio dirá algo sobre tu estado de ánimo, carácter o naturaleza.

2. **Irreversible:** si lo has dicho, entonces lo has dicho. No hay forma de recuperarlo.

3. **Complejo:** la comunicación interpersonal no suele ser un proceso fácil o directo. Requiere explicaciones y una escucha cuidadosa para no entender mal lo que se dice.

4. **Contextual:** Esto está en relación con el punto anterior. Lo que se diga debe entenderse en su contexto, que podría ser ambiental, político, psicológico, etc..

Comunicación en Grupos Pequeños

Esto implica interacciones entre tres o más personas que están conectadas a través de un propósito común, influencia mutua y una identidad compartida.

Este pequeño grupo generalmente se forma para resolver un problema particular, tomar decisiones, determinar políticas y presentar informes. El comité de personal, el comité de auditoría, el comité de informes y el comité de quejas son el ejemplo de grupos pequeños. Además, las tareas grupales en las escuelas generalmente presentan pequeños grupos de estudiantes enfocados en resolver sus preguntas de tareas o llevar a cabo sus proyectos conjuntos.

Una ventaja clave de la comunicación en grupos pequeños es que la información se comparte fácilmente, ya que la comunicación suele ser informal y no estructurada. La comunicación en grupos pequeños generalmente forma la base para la comunicación en grupos grandes, ya que cada grupo grande generalmente se divide socialmente en grupos más pequeños, o partes dentro del todo.

Comunicación en Grupo Grande

También llamada comunicación pública, la comunicación de grupo grande es una descripción general de la comunicación organizacional como un contexto de comunicación que describe un gran número de individuos que son miembros del grupo. Este tipo de comunicación generalmente involucra a un individuo dirigiéndose a una gran reunión de personas. Las campañas electorales y los discursos públicos son ejemplos de este tipo de comunicación.

En tales casos, generalmente hay un único remitente de información y varios receptores a los que se dirige. Este tipo de comunicación también es crucial para establecer una marca comercial o un profesional como experto, especialmente en los casos de hacer presentaciones o hablar en público. En tales situaciones, todavía existe la necesidad de claridad, brevedad e impacto.

Pero también existe la necesidad de cautivar. El éxito de uno con un grupo grande depende de la conexión que uno hace con ellos. Uno podría tener una presentación súper elegante lista para funcionar, pero a menos que la audiencia compre la marca personal, la llamada a la acción se olvidaría fácilmente.

La comunicación verbal es, en muchos sentidos, una parte muy importante del tejido de cualquier sociedad, y como tal, es crucial que cada miembro de la sociedad tenga un buen conocimiento de la comunicación verbal y los mecanismos que la hacen funcionar. Un mecanismo importante por destacar es que la efectividad de la comunicación verbal depende del tono del hablante, la claridad del habla, el volumen, la velocidad, el lenguaje corporal y la calidad de las palabras utilizadas en la conversación.

El lugar de trabajo es un sector donde se requiere una excelente comunicación. El sello distintivo de un gran líder incluye ser capaz de comprender a sus subordinados y comunicarles lo que se espera que se haga. Se espera que las reuniones de la junta, presentaciones, presentaciones comerciales, etc. se comuniquen de manera concisa, sin causar confusión a los oyentes. Muchas veces, el personal de una empresa solo puede enviar notas escritas a sus superiores. Pero se ha encontrado que en un lugar de trabajo donde se fomenta la comunicación verbal y se les da acceso a todos para entablar conversaciones cara a cara con cualquier otro miembro del personal, las cosas se mueven de manera más suave y el fuego de los conflictos en el lugar de trabajo se apaga fácilmente.

En las instituciones de aprendizaje, desde el nivel primario hasta el universitario, se requiere una comunicación verbal efectiva para impartir conocimiento. Es imperativo que a los estudiantes se les enseñe claramente usando palabras simples que no confundan. Cuando hay conflictos o insatisfacción, una reunión rápida donde el director se dirige a la comunidad escolar siempre calma las cosas.

En el hogar, los padres pueden entender mejor a sus hijos cuando los alientan a hablar. Y los niños están menos confundidos cuando pueden recibir palabras claras de sus padres. Los hermanos pueden construir sus relaciones a través de una comunicación eficiente.

Incluso la comunicación verbal se puede amortiguar o mezclar. Muchas personas no han dominado el arte de comunicarse de la manera correcta. Si bien pueden tener algo que decir, lo hacen de maneras muy confusas, utilizando términos innecesarios. A veces, su elección de palabras resulta aburrida o insípida. Combinado con el uso de la comunicación no verbal, nadie quiere escucharlos. Es por eso por lo que no importa un poco cuán geniales sean las ideas de una persona. Si no es capaz de comunicarse con las personas adecuadas, no tiene sentido.

¿Por qué es importante poder analizar la comunicación verbal? Simplemente, para evitar conflictos, malentendidos y confusión, todos deberían poder comprender y analizar correctamente lo que alguien más está diciendo. Por eso es importante que el hablante ensarte las palabras correctas en el momento correcto.

Elementos de comunicación verbal

1. Tono: El tono de la voz de una persona es un elemento importante que transmite un significado especial para el oyente. Se puede detectar por el tono si una persona es grosera. Otras descripciones de tonos son alegres, tristes, enojados, heridos, sorprendidos, escépticos o amargos. En eso, no importa tanto lo que la persona haya dicho, es su tono el que se mide y se usa para juzgar sus intenciones.

Por eso es importante adoptar siempre el tono correcto, ya que, en la comunicación verbal, las palabras no son las únicas cosas que se consideran. Algunas personas consideran que algunos tonos son bastante infantiles. En otras ocasiones, las cadencias se perciben como descaradas, sin refinar y ásperas. Por ejemplo, los diferentes tonos de decir "Ese es mi asiento" significarán cosas diferentes.

Si el hablante usa un tono agudo, revela territorialidad y una intención sin sentido. En otro tono, puede significar que se transmita información simple para que otra persona sepa que allí es donde ha estado sentado. Los hablantes han dicho lo mismo, pero al usar tonos diferentes, han transmitido significados diferentes.

2. Velocidad de la voz: La velocidad con la que una persona habla también se puede interpretar de manera diferente. Hablar despacio a menudo significa que el hablante está triste, deprimido o lento, mientras que los modos rápidos muestran emoción, felicidad o sorpresa. Las palabras "me alegro de estar vivo", cuando se dice lentamente, pueden no ser muy convincentes. El oyente puede creer que la persona está realmente triste por estar viva, pero solo trata de sentirse alegre. Cuando se dice rápido, las palabras son convincentes, ya que se espera que una persona que se alegra de estar viva rebosa de vida. La velocidad de la voz, por lo tanto, es una consideración muy importante al analizar la comunicación verbal.

3. Lenguaje: Por supuesto, hablar un idioma que el oyente no entiende no tiene ningún sentido. La elección del lenguaje implica sentido común. Una vez que una persona no comprende el idioma que se habla, la comunicación verbal se vuelve imposible y las partes involucradas tendrán que adoptar otro medio de comunicarse entre sí.

La utilidad de un idioma oficial es obvia aquí. El idioma oficial se aprende obligatoriamente en las escuelas de diferentes países, de modo que cuando tienen motivos para unirse a través de la inmigración, la emigración, una actividad comercial, actividad religiosa, deportes o educación, la barrera del idioma se romperá al usar el idioma oficial para comunicarse con todas las fiestas.

4. Gramática: Incluso cuando se usa el idioma correcto, la gramática debe ser adecuada. La gramática incorrecta disuade a los oyentes. Nadie quiere escuchar oraciones desarticuladas, una cadena de palabras de baja calidad, o confundirse porque una persona dice "perseguido" cuando quiso decir "casto" o "cordura" cuando quiso decir "sanitario". El vocabulario incorrecto es confuso, hace que la audiencia sea engorrosa para el público y, en última instancia, les hace perder interés en el tema, independientemente de la importancia del tema.

5. El volumen de la voz: El volumen de la voz que habla también es un determinante de cómo se analizarán las palabras habladas. Un volumen alto es típico de sanguinas y colérico. Por lo general, tienen mucha energía en diferentes momentos del día y pueden llamar la atención de las personas con sus volúmenes fuertes y joviales.

Sus altos volúmenes reflejan felicidad, emoción y diversión. Los volúmenes bajos pueden ordenar el secreto. Se considera que el hablante está interesado en comunicarse solo con las personas físicamente más cercanas a él. Por lo tanto, es muy irritante cuando en un grupo grande, un orador usa un volumen bajo, de modo que las personas tienen que esforzarse para entender lo que se dice. Esto se ve muchas veces en las universidades donde hay cientos de estudiantes que asisten a un curso.

El profesor, en ausencia de un sistema de megafonía, se vuelve desafiante, afirma que no puede molestarse a sí mismo y continúa enseñando solo a aquellos físicamente cercanos a él. El resto de los estudiantes pisan los talones y pierden interés en la conferencia. En la misma línea, es indecoroso que una persona con una audiencia de uno hable con un volumen muy alto. La audiencia terminará sobresaltada continuamente, y sus oídos pueden doler. Eventualmente, tendrán que decirle al hablante que reduzca su voz.

Estos elementos son críticos durante un análisis de la comunicación verbal. Todos deberían poder procesar lo que se les ha dicho. Cuando un oyente no puede entender lo que se dice, se pierde el objetivo de la comunicación y no se logran los resultados deseados. En los diferentes sectores de la vida y los negocios, a las personas se les debe enseñar a comunicarse adecuadamente y a los oyentes se les debe enseñar a escuchar con atención y hacer preguntas donde no están claras.

Hay varios medios por los cuales las personas pueden ser entrenadas para hacer esto. Para mejorar la capacidad de analizar la comunicación verbal, se pueden adoptar los siguientes ejercicios prácticos. Algunos de los ejercicios son en forma de juegos. Si bien algunos consideran que los juegos son infantiles, son algunas de las mejores formas de enseñar temas importantes porque los juegos involucran la concentración total de una persona.

De este modo, pueden aprender rápidamente cuáles son los principios que requieren, especialmente cuando hay una posibilidad de ganar o perder. Este libro recomendará juegos y otras actividades prácticas que ayudan a mejorar la capacidad de analizar la comunicación verbal.

Ejercicio 1: Instigador de Rumores

Este es un juego que puede jugar un grupo de diez o más personas. En el lugar de trabajo donde se enseña a los compañeros de trabajo el análisis de la comunicación verbal, por ejemplo, el personal puede organizarse en grupos. El jefe del grupo dirá una frase o frase corta al oído de uno de los miembros del grupo solo una vez. El oyente no podrá solicitar una repetición de dichas palabras. Él o ella continuará y le dirá a otro miembro del grupo lo que escuchó.

La siguiente persona hará lo mismo y la siguiente también hasta que todos los miembros del grupo hayan recibido la información transmitida. La última persona en recibir la información le dirá a todos lo que escuchó. Principalmente, lo que diga la última persona dará como resultado la risa de toda la casa, ya que será totalmente diferente de lo que el jefe del grupo le dijo originalmente al primer miembro del grupo.

Este juego refleja lo fácil que es difundir algo falso solo porque una persona escuchó algo incorrecto y no confirmó la autenticidad de lo que escuchó. Impresiona a la audiencia y a los voluntarios del juego lo importante que es confirmar lo que escuchan de la fuente, y cómo no deberían decirle a alguien lo que saben que puede no ser auténtico.

Ejercicio 2: Juego De Roles

Para mejorar el análisis de la comunicación verbal, ya sea interpersonal o grupal, el juego de roles es muy práctico para entender cómo. Este ejercicio involucra grupos de dos o tres. Fingen ser una cosa mientras que el otro grupo finge ser otra. Si este ejercicio se usa en el lugar de trabajo, digamos que entre los miembros del personal de un restaurante, dos o tres de ellos pueden fingir ser clientes.

Uno de ellos puede pretender ordenar un plato raro que implica que el camarero tiene que entender exactamente lo que el cliente está pidiendo. Otro de los miembros puede pretender ser un cliente insatisfecho que ha venido a presentar una queja en persona, y otro puede hacer un pedido de entrega a domicilio y anotar su dirección. El otro grupo puede pretender ser camareros, gerentes, trabajadores de atención al cliente y personas de entrega.

Esta actividad los ayudará a sentirse en la piel de los clientes con los que tratan todos los días y aprenderán a escucharlos con más atención en el futuro analizando sus discursos sin cometer errores que pueden ser costosos para el negocio. Esta actividad se puede utilizar en diversos sectores empresariales, entornos domésticos, escuelas, etc.

Ejercicio 3: Rotación De Libros

Los libros son buenos viejos amigos que parecen resolver todos los problemas. Para obtener comprensión, se recomienda leer. En el lugar de trabajo, el gerente puede seleccionar un libro en particular que ayude a mejorar el análisis de la comunicación verbal. Este libro se rota entre compañeros de trabajo, asignando la misma cantidad de tiempo de lectura para cada uno de los lectores. Después de que todos hayan leído el libro, se puede programar un tiempo de discusión donde todos digan lo que han aprendido del libro y cómo esperan usarlo para mejorar su análisis de las comunicaciones verbales personales y grupales.

Ejercicio 4: Simple Sí O No

La simple actividad de sí o no está diseñada para ayudar a las personas a aprender a ser concisos en sus discursos. Se necesita un grupo de dos a la vez para practicar esta actividad. Una persona le hace a la otra una pregunta a la que solo se espera que responda sí o no. Las palabras adicionales se consideran innecesarias y pueden descalificar al miembro. Se ha encontrado que algunos discursos demasiado complicados confunden a las personas innecesariamente. La mayoría de las veces, un simple sí o no responderá la pregunta.

Ejemplo:

- **Pregunta**: El clima esta muy templado hoy, ¿no lo crees, Fred?
- **Respuesta simple**: No, no lo creo, señor.
- **Respuesta complicada**: El clima ha estado fluctuando mucho esta semana.

Ejemplo:

- **Pregunta**: ¿Clara está viva o muerta?
- **Respuesta simple**: Si, ella esta muerta.
- **Respuesta complicada**: Se le a transferido temporalmente a otro estado de entropía que no le permite sentirse viva.

Se ha encontrado que los mejores oradores hacen uso de discursos simples, asegurándose de que todos en la sala puedan entenderlos cuando hablan. Esta es una buena comunicación verbal.

Ejercicio 5: juego de construcción

Este juego también se puede utilizar para fomentar una buena comunicación verbal entre las personas que trabajan juntas en un equipo. El equipo se divide en tres grupos con aproximadamente tres miembros en cada grupo. El primer grupo utiliza bloques de construcción de diferentes colores para construir una pequeña casa. El segundo grupo luego va a ver la casa y lleva una descripción precisa de la casa al tercer grupo verbalmente. El tercer grupo construye de acuerdo con lo que el segundo grupo les describe verbalmente. Al final, los tres grupos se unen para ver si el trabajo del tercer grupo es similar al de los constructores originales. La comunicación o el análisis incorrectos de la comunicación conducirán al tercer grupo a construir la estructura incorrecta. Los tres grupos pueden rotar sus roles para otorgar a cada miembro el privilegio de ser parte de los tres grupos involucrados en el juego.

Ejercicio 6: actividad de escuchar

No hay nada mejor que entrenar la capacidad de escuchar correctamente en un esfuerzo por mejorar la capacidad de analizar la comunicación verbal. Escuchar es una parte muy importante de la comunicación. Esto es diferente de escuchar. Escuchar es la capacidad de comprender las palabras con los órganos apropiados. Escuchar implica mucho más que eso. Escuchar involucra a la mente, implica un procesamiento preciso y evitar juicios erróneos.

Una persona que no ha aprendido a escuchar generalmente interpretará las palabras habladas de manera incorrecta. Deje que los miembros del equipo escriban las palabras del audio en un bloc de notas. El audio puede durar tres o cuatro minutos. Reproduzca el audio unas tres o cuatro veces al grupo. Luego pídales que escriban qué puntos estaba tratando de hacer el orador y de qué se trata el audio.

El juego también se puede jugar de otra forma. Deje que cada uno de los miembros del grupo tenga auriculares y reproduzca el audio por sí mismo. Permítales transcribir con precisión, palabra por palabra, los discursos en el audio.

El jefe del grupo debe revisar cada respuesta presentada para mayor precisión. Esta actividad debe repetirse tan a menudo como sea posible para ayudar a los alumnos a mejorar sus habilidades de análisis de comunicación verbal, haciendo que el lugar de trabajo o el hogar sea un lugar mejor para todos.

Ejercicio 7: Vendar los ojos

El juego de vendar los ojos es multi-eficiente, pero también puede usarse para mejorar el análisis de habilidades de comunicación verbal de las personas. El equipo de alumnos se divide en dos grupos. Dos voluntarios de cada grupo son seleccionados y con los ojos vendados. Luego se les dice que vayan a buscar algo al otro lado de la habitación. Como no pueden ver, pueden evitar ir por el camino equivocado o chocar con objetos en la sala al escuchar las instrucciones dadas por los otros miembros de su equipo. Si no pueden interpretar con precisión las instrucciones de los miembros de su equipo, no podrán alcanzar sus objetivos.

Tan simple como pueden sonar algunas de estas actividades, son reflejos de lo que nos sucede todos los días. La mala interpretación de las instrucciones dadas por el gerente general al gerente de recursos humanos puede llevar al gerente de recursos humanos a hacer cosas que le costarán a la organización perder mucho dinero.

Los niños que no entienden lo que sus padres están tratando de decir pueden dar lugar a rebelión y resentimiento, en última instancia, rompiendo la familia. Un maestro puede sentirse insultado por lo que dice un alumno porque interpretó mal las palabras del alumno. De la misma manera, los hermanos pueden malinterpretarse y convertirse en enemigos jurados. Dos naciones pueden ir a la guerra simplemente debido a un malentendido verbal que resultó que una de las partes analizó erróneamente lo que se dijo.

Debemos tener en cuenta que el lenguaje corporal también juega un papel clave en la comunicación efectiva. Incluso mientras se usa la comunicación verbal, si el lenguaje corporal no coincide con lo que se dice o alguno de los elementos del tono de voz, el volumen, el lenguaje, la gramática y la velocidad de la voz no están alineados, el hablante aún puede tomar lo que se ha dicho significar otra cosa completamente.

Hay mucho en juego para cometer errores al analizar la comunicación verbal en nuestras actividades cotidianas. Es importante que tengamos una comprensión precisa y que sigamos mejorando. De esa manera, hay una gran reducción en los conflictos que pueden surgir del análisis incorrecto durante la comunicación verbal.

Capítulo 2: Ejercicios prácticos para leer el lenguaje corporal

Es importante que aprenda a entender el lenguaje corporal. Pero antes de eso, debes saber en qué áreas del lenguaje corporal te falta.

1. Establecer contacto visual: Siempre que hable con otras personas, intente hacer contacto visual directo. Cuando haces eso, le haces saber a la persona que tienes interés en lo que están hablando. Si tiene que hacer una presentación en el trabajo, deberá hacer contacto visual con su audiencia. Debido a esto, sabrán que usted tiene confianza en el tema que está presentando. Además, cuando haces contacto visual con las personas, se sienten lo suficientemente cómodas para continuar la conversación contigo. Pero entonces, tenga cuidado con cuánto mira a las personas, ya que serán incómodas si su contacto visual se convierte en una mirada.

2. Usa tus expresiones faciales: Deja que tus expresiones faciales lleven tus emociones. El mensaje expresado por las expresiones faciales es en gran medida universal y eso significa que significan lo mismo en todas partes. En cualquier lugar que conozcas a una persona con el ceño fruncido, la persona está molesta.

Use sonrisas en su conversación siempre que no se considere inapropiada para la situación. De esa manera, la gente sabrá que eres feliz y que no estás de mal humor. El ambiente para la conversación también será cálido y amigable y otros serán cómodos. Debido a lo bien que su rostro muestra emociones, tenga cuidado de no hacer caras desagradables cuando no se necesitan sonrisas. Cuando muestra una mirada de seriedad en un entorno formal, significa que está comprometido con la situación actual.

3. Considera el espacio personal: Observe su proximidad a otras personas. Las personas tienen diferentes formas de ver la proximidad, por lo que es importante que observe si la persona con la que se está comunicando se siente incómoda. Esto significa que estás demasiado cerca y que necesitarían cierta distancia entre ustedes dos. Puedes expresar emociones por la cantidad de espacio físico que le das.

4. Cuida tu postura: Observa tu postura. Si te encorvas, significa que no tienes interés en lo que dice una persona. La forma en que se mueve tu cuerpo es importante.

Cuando balancea las piernas durante una reunión, muestra cuán aburrido, impaciente y desinteresado está. Enfréntate a los demás y siéntate derecho cuando hables o escuches.

5. Observar tonos y sonidos: Los sonidos y el tono de voz que usa pueden expresar sus pensamientos a las personas incluso cuando no dice una palabra. Si recibe instrucciones de un gerente y gruñe de inmediato, su gerente está recibiendo la señal de que desaprueba lo que dice. El tono que usa puede hacer que las personas sepan que está enojado, frustrado o sarcástico.

Hable suavemente y trate de no suspirar con demasiada frecuencia o hablar en un tono agudo.

Entonces, ¿qué pasa si has descubierto cuál de las áreas anteriores del lenguaje corporal te falta? Deberá trabajar en ellos para mejorar utilizando algunos ejercicios prácticos. Estos ejercicios se usan a menudo para fomentar la formación de equipos en diferentes entornos, como equipos deportivos, escuelas, grupos de artes escénicas, lugares de trabajo y organizaciones religiosas. El marco de tiempo de las actividades puede variar. Algunos son ejercicios de solo dos minutos, mientras que otros duran más y pueden tomar varias semanas o días.

Estas actividades se eligen porque los participantes pueden hacerlas en silencio y además de mejorar su capacidad para detectar señales no verbales, desarrollarán sus habilidades de comunicación y confianza.

Durante la comunicación no verbal, si ambas partes no entienden los signos corporales utilizados, pueden ocurrir malentendidos. Estos ejercicios fueron creados para ayudar a las personas a comprender qué significa la comunicación no verbal y cuán importante es. Al comunicarse de forma no verbal, es importante que ambas partes entiendan las señales para evitar cualquier tipo de malentendidos. Estas son algunas de las actividades en las que uno puede participar con otros adultos para aprender sobre la comunicación no verbal:

Ejercicio 1: mancha ocular

Este ejercicio busca mejorar su capacidad de detectar detalles. Primero, verá un breve video clip de cualquier personaje elegido y procederá a señalar todos los gestos del lenguaje corporal que conforman la personalidad del personaje. ¿Te das cuenta de cómo él / ella muestra comodidad y / o incomodidad? Observe si la persona tiene lenguaje corporal abierto / cerrado. Para un mejor efecto, el grupo debe mirar el video clip primero sin usar el sonido y luego los participantes pueden decir de qué creen que trata el diálogo. Después de eso, el video clip debe reproducirse con sonidos y todas las predicciones deben evaluarse. ¿Coinciden los gestos y las palabras utilizadas?

Ejercicio 2: una situación difícil

Todos los participantes deben sacar una hoja y escribir una "situación difícil". Podrían describir personajes que enfrentan desafíos como ser detenidos por la policía, descubrir que poseen poderes mágicos o escuchar que solo tienen 3 semanas de vida. Reúna las situaciones descritas.

Cuando comience la clase, tome una situación y pida a los alumnos que dediquen 5 minutos a escribir cómo imaginan que reaccionará su personaje. Repase las respuestas como clase y deje que los participantes señalen los gestos que muestra su personaje. Esta actividad puede ayudar a los participantes a aprender más sobre los personajes.

Ejercicio 3: las acciones demuestran mas que las palabras

Digamos que el personaje que elegiste acaba de recibir una postal de alguien de quien no ha tenido noticias en mucho tiempo. Proporcione al lector dos oraciones que muestren el contenido de la letra y luego use el tiempo restante para demostrar cómo actúa el personaje al mirar, leer y soltar la letra. Concéntrate en el lenguaje corporal.

No debes olvidar que el lenguaje corporal expresado por el personaje debe decirnos más que sus palabras.

Ejercicio 4: El mundo como lo conoce tu personaje

Los participantes pueden realizar esta actividad como una tarea escrita o como un juego de roles. Hay dos formas de llevarlo a cabo:

1. El personaje mientras mira televisión se siente atraído por el evento y/o tema actual. ¿Cuál es su respuesta?

2. El personaje aparece en ese período de tiempo y/o configuración. ¿Qué ve tu personaje? Explícalo con los detalles

que han aprendido. Enfatice las reacciones emitidas por el personaje a través de sus pensamientos, diálogo y acciones.

Ejercicio 5: un encuentro no tan normal

Si dos de los personajes creados por el grupo se reunieran por primera vez, ¿qué pasaría? Deje que dos participantes se pongan al frente del grupo y jueguen a estos personajes. Deje que uno de los participantes cree el entorno en el que se encontrarán. Podría ser una fiesta, la estación de autobuses, luz roja, iglesia, etc.

Deje que cada participante brinde al grupo una visión general de su personaje durante aproximadamente 30 segundos. Los participantes jugarán roles durante dos minutos y, mientras lo hacen, se concentrarán en el diálogo y el lenguaje corporal. Deje que el grupo responda preguntas y decida si el diálogo y el lenguaje corporal parecían lo suficientemente reales para los personajes.

Ejercicio 6: Lista de gestos

Los participantes deberían poder responder preguntas como "¿Cómo nos comunicamos sin usar palabras?" y "¿Qué gestos se usan comúnmente?" Los participantes deben dividirse en grupos y cada grupo debe poder mostrar tantas formas de comunicación no verbal como puedan en 1 minuto (por ejemplo: encogerse de hombros, sacudir la cabeza, hacer una mueca, poner las manos en las caderas, guiñar un ojo, sonreír, dedo a los labios, asentir con la cabeza).

Ejercicio 7: escena silenciosa

Los participantes deben formar parejas. Cada par debe crear una escena de un minuto que ocurra en una ubicación. Deje que las parejas tengan un problema que requiera resolución. Nadie en la escena debería poder hablar. Cualquier comunicación que deba hacerse debe ser no verbal. El público debe mirar y tratar de adivinar lo que se está actuando en la escena sin tener ningún diálogo como guía. Los participantes pueden consultar la lista de gestos.

Ejercicio 8: comunicación no verbal

A los participantes se les debe proporcionar una lista de oraciones y luego deben tratar de comunicarlas de manera no verbal. Los alumnos también pueden consultar la lista de gestos.

Ejercicio 9: emociones no verbales

Los participantes pueden seleccionar una emoción sacando trozos de papel de un sombrero. Deben presentar cualquier emoción que encuentren escrita en el trozo de papel en una presentación sin palabras. El espacio debe ser tallado donde puedan entrar, sentarse, pararse y salir del espacio. La intención es "mostrar" esa emoción muy bien para que el público pueda adivinar (las emociones pueden ser disgusto, felicidad, enojo, tristeza, aburrimiento, miedo, emoción, estrés, etc.).

Ejercicio 10: Indicador de imagen no verbal

Deje que los participantes vean una foto de una persona. ¿Qué se están comunicando con su lenguaje corporal? El participante debe crear un monólogo interno para este personaje.

Ejercicio 11: estado alto/estado bajo

Los participantes deben caminar por la sala y tratar de comprender físicamente lo que significa un estado alto y un estado bajo. ¿Qué hace que un cuerpo de alto estatus? ¿Qué hace que un cuerpo de bajo estatus? ¿Cómo es su postura para caminar? ¿Cuál es la relación entre esta fisicalidad y la forma en que interactúan? Los participantes deben agruparse en pares de un personaje de alto estatus y un personaje de bajo estado. Se requiere que la pareja presente una escena no verbal que indique su estado.

Ejercicio 12: escena de subtexto

Los participantes deben formar grupos. Déjelos representar una escena en la que un personaje se presenta con líneas que dicen una cosa, pero su lenguaje corporal muestra otra. Por ejemplo, un participante le dice a otro participante que está contento de haber aprobado un examen mientras su lenguaje corporal es rígido y sus brazos están cruzados sobre su cuerpo.

Ejercicio 13: buen oyente/mal oyente

Dos participantes deben ofrecerse como voluntarios para pararse al frente. La persona A debe contarle a la persona B una historia. Por primera vez, la persona B es un buen oyente. Deje que el resto de los participantes indiquen cómo es un buen oyente. ¿Cómo se puede comunicar el compromiso de manera no verbal? La escena debe repetirse. Esta vez la Persona B contará la historia mientras que la Persona A escuchará. La persona A retratará a un mal oyente.

La audiencia debe centrarse en dos personas. ¿Cómo aparece un mal oyente? ¿Cómo puedes comunicar el aburrimiento sin palabras? El público debe indicar si puede ver la diferencia.

Ejercicio 14: un hablador/uno no

Los participantes deben formar parejas. Deje que cada pareja represente una escena de un minuto que ocurre en un lugar con un problema que debe resolverse. La primera persona, la Persona A, debe pronunciar sus líneas, mientras que la Persona B debe responder solo con el uso de gestos, lenguaje corporal y otras formas de comunicación no verbal. Cuando transcurre el tiempo, ambos deben cambiar de lado y la Persona A debe ser el comunicador no verbal.

Ejercicio 15: Juzgar

Los participantes deben responder estas preguntas: ¿Alguna vez has juzgado a alguien por su apariencia o la forma en que se mueven antes de hablar con ellos? ¿Qué parte de la fisicalidad de una persona te afecta? Deje que los participantes creen una escena. Los personajes de la escena deben ser juzgados por la comunicación no verbal que utilizan y no por sus palabras.

Ejercicio 16: Alineándose

Los participantes deben recibir instrucciones de que tienen solo dos minutos para formar una línea en un cierto orden sin tener que hablar ni emitir ningún sonido. Se les dará otra instrucción donde deben alinearse según ciertos criterios. Puede ser por altura, talla de zapatos, alfabéticamente por nombre o incluso por color de camisa. El líder debe hacer las instrucciones un poco vagas y permitir que los participantes elijan por sí mismos cómo usar los criterios dados y la formación de la línea.

Por ejemplo, si el líder les indica que se alineen por color de cabello, los participantes deben decidir si desean elegir el orden de disposición de los colores. Los participantes pueden repetir el ejercicio tantas veces como quieran. Este ejercicio ayudará a las personas a aprender cómo tomar decisiones, asumir roles de liderazgo y organización y trabajar en equipo incluso con comunicaciones no verbales.

Ejercicio 17: Diseñando juntos

Los participantes se dividirán en equipos de cuatro a seis personas cada uno. Cada equipo cuenta con una bolsa de papel marrón que contiene objetos como pequeños bloques de construcción, arcilla, clips de papel, conos de pino, cubiertos de plástico, palillos de dientes, vasos de papel, monedas y gomas.

También se proporciona un rotafolio para cada uno de los equipos. Luego se les exige que utilicen los artículos en sus bolsas como materiales para diseñar un producto. Los usarían también para hacer un volante que diga el nombre del producto y lo anuncie. Mientras hacen todo esto, no deben hablar ni escribirse notas entre ellos. Los miembros del equipo pueden usar este método para practicar habilidades de comunicación no verbal, métodos de retroalimentación, habilidades de lenguaje corporal y creatividad.

Ejercicio 18: Escena Improv.

Algunas de estas actividades provienen de juegos de drama y técnicas de improvisación. Esta actividad de escena de improvisación se encuentra entre las actividades relacionadas con el drama. Implica hacer que un grupo de personas actúe en una escena silenciosa. Los actores aquí no fingen hablar como en charadas. En cambio, están representando una escena en la que las personas se comunican en silencio. La escena se puede establecer en una biblioteca, una habitación con un bebé dormido o una sala de lectura.

Ejercicio 19: Espejos

Esta actividad también es un calentamiento dramático que se adapta fácilmente a las personas que desean mejorar sus habilidades de trabajo en equipo. Los participantes se agrupan en parejas o todos se paran en un círculo. El líder luego hace movimientos lentos con algunas partes del cuerpo como la cabeza, los brazos, el cuerpo y las manos. Las otras personas en el círculo intentarán copiar sus acciones exactamente. Para que este ejercicio funcione, los participantes deben seguir al líder sin dudarlo. Deben esforzarse por cronometrar sus acciones para que estén lo más cerca posible. Formarían una imagen especular para que sea difícil diferenciar quién es el líder y quiénes son los seguidores. Sin embargo, el líder debe tratar de usar movimientos corporales que sean fáciles de imitar. El líder también puede usar el contacto visual para mostrar el próximo movimiento.

Ejercicio 20: Charadas

Con las charadas, comprenderá que la comunicación no verbal se puede usar para comunicar ideas muy complejas sin tener que usar palabras. Los participantes pueden jugar un juego de charadas. Sin embargo, será mejor volcar los programas de televisión y los artistas musicales para mensajes normales y emociones que se usan todos los días como "No sé cómo operar una computadora". El uso de mensajes cotidianos hará que la actividad sea más práctica.

Ejercicio 21: interpretaciones de fotos

También puede aprender sobre la comunicación no verbal analizándola directamente. Los participantes formarán grupos para estudiar e interpretar fotos de personas que utilizan medios no verbales para expresar sus emociones, carácter y sentimientos. Cuando los participantes los miran, deberían poder ver mucho de ellos. Después de que los participantes identifiquen las emociones que ven de las imágenes individualmente, la discusión debe abrirse a todos en el grupo y los participantes pueden intentar verificar los desacuerdos o confirmar que la comunicación no verbal fue clara para todos.

Ejercicio 22: Juego de Adivina la película

Los participantes deben dividirse en dos equipos. Un equipo debe idear una película y contarla a un miembro del otro equipo. La persona a quien se le dijo el título de la película tiene que aparecer delante de todos y representar el título de la película o algunas de las escenas de la película de manera que su equipo reconozca qué película es.

Si el equipo puede reconocer la película, entonces es el turno del primer equipo para enviar un miembro al siguiente equipo para obtener el nombre de una película para ellos. Luego adivinarán el título de la película después de que su miembro lo demuestre. El ciclo se repite: un miembro de un equipo va al otro para escuchar y representar una película mientras los miembros de su equipo se enfrentan a la tarea de reconocer.

Ejercicio 23: expresiones opuestas

Un participante recibirá un guion. Luego deben leer el contenido del guion pero reemplazar todas las emociones expresadas en los diálogos con emociones opuestas. Digamos que el guion dice que la persona debe reír. En lugar de reír, la persona leerá el diálogo con expresiones de enojo o tristeza.

Este juego es considerado como un juego no verbal a pesar de tener que usar palabras porque la descripción se basa en estados de ánimo y expresiones. Si una persona puede leer correctamente los gestos, las expresiones y el estado de ánimo de otras personas, le irá bien en el juego.

Ejercicio 24: Actuación de la tira de papel

Las tiras de papel deben hacerse y compartirse por igual en dos. Se debe escribir un diálogo en un juego de tiras de papel y guardarlo en un tazón. El siguiente conjunto de tiras de papel debe tener humor o disposición y deben guardarse en otro recipiente. Cada participante debe obtener una tira de papel de cada uno de los dos tazones para que puedan servir como indicaciones. Primero leerán el diálogo al frente y también leerán el estado de ánimo escrito en la otra nota. Después de eso, tienen que leerlo sin hacer ninguna expresión.

El papel de la audiencia será adivinar en qué estado de ánimo se leyó el diálogo y anotarlo. Aunque implica hablar, este juego se considera no verbal porque debes reconocer los estados de ánimo y las expresiones.

Ejercicio 25: hacer una película muda

Los participantes deberán ser compartidos en grupos. Realizarían la tarea de escribir guiones para una película muda y entregarían los roles a los actores. Los actores deben representar el guion sin usar palabras. Todos los grupos pueden participar en la presentación y también ver a los demás actuar.

Ejercicio 26: Sigue al líder

Los participantes seleccionarán a una persona para que sea su líder. Luego, el líder hace señales de que otros lo siguen, mientras que el resto de la gente sigue las señales del líder sin hablar tampoco. Cualquiera que cometa un error será descalificado y tendrá que abandonar el juego. Después de cada turno, se elegirán nuevos líderes. El primer líder elegirá a otra persona para que se haga cargo usando solo gestos. El juego continuará hasta que solo quede una persona como ganadora.

Ejercicio 27: dibujar y explicar

Los participantes deben dividirse en grupos. Cada grupo tiene que dibujar algo. El siguiente equipo se esfuerza por interpretar el dibujo y lo que se supone que significa. Los grupos se turnan para dibujar e interpretar el trabajo de otros.

Ejercicio 28: presenta a tu amigo

Todos en el grupo tienen que encontrar a alguien para emparejarse. Ambos se presentarán y dirán sus nombres sin avisar a los demás.

Cuando todos hayan terminado de conocerse, una pareja se parará frente a cada otra persona e intentará presentar a su pareja a la audiencia sin palabras. Cuando hacen eso, los otros participantes adivinarán el nombre de la persona.

Ejercicio 29: atrapar un pollo

Cuatro participantes deben ofrecerse como voluntarios para salir de la sala. Notifique a los voluntarios que vengan de inmediato, después de haberles dicho que le muestren a la audiencia cómo atrapar un pollo.

Cada voluntario debe ser llamado uno tras otro para realizar esta tarea. La persona que se ofrece como voluntario por última vez adivinará qué acciones cree que estaban realizando los demás. El penúltimo voluntario dirá lo que piensa y la segunda persona hará lo mismo. Después de eso, la primera persona tendrá que salir y decir lo que estaba haciendo.

Ejercicio 30: Diálogos de conjetura de una película muda

Deje que el grupo vea una película muda. Luego seleccione algunas personas para que salgan y muestren a todos lo que piensan que podría ser el diálogo de la película. El público será el juez y decidirá si es bueno.

Ejercicio 31: imitador

Diles a todos que se paren en círculo. Deje que alguien se ofrezca como voluntario para salir por un minuto. Deje que un líder sea elegido por unanimidad sin usar palabras, solo señales no verbales. El líder seguirá cambiando las acciones sin informar al voluntario que está liderando. Luego, los participantes seguirán y copiarán las acciones del líder. Los miembros tienen que seguir y copiar al líder sin hacerlo obvio. El voluntario tiene que pararse en el medio del círculo y tratar de averiguar quién es el líder. Si logran encontrar al líder, entonces ganan.

Ejercicio 32: comunicación inalámbrica

Alguien del grupo debe colocar una soga en el suelo. Después de eso, deben seleccionar un oyente. El oyente debe ser llevado 20 pies hacia adelante y con los ojos vendados. Esta persona no dirá ninguna palabra durante el juego y tampoco se moverá a menos que se le indique. El grupo tendrá que seleccionar un comunicador. Se debe llevar a la persona 10 pies hacia adelante y girarla hasta que se enfrente al grupo. Tienen que pararse en la línea de salida. Cuando se coloca el comunicador, pueden o no darse la vuelta para mirar al oyente. A lo largo del juego, el comunicador es la única persona con permiso para hablar.

Se debe crear un conjunto de instrucciones para el grupo utilizando accesorios. Por ejemplo, "Indique al oyente que se ate la bufanda alrededor de la cabeza, se debe usar el guante y quitarse el zapato". El comunicador obtendrá información del grupo en silencio para pasar al oyente con los ojos vendados.

Ejercicio 33: alfabéticamente

En esta actividad, se le dice al grupo que llame las letras del alfabeto en orden. No se supone que dos participantes digan la misma letra a la vez. Los participantes pueden elegir cualquier secuencia que deseen, aparte de días festivos, números y meses.

Ejercicio 34: truco mental de Jedi

Se debe hacer que los participantes se paren en círculo con alguien en el medio. Se espera que todos permanezcan en silencio. La persona en el medio intentará tomar el lugar de una persona en el círculo. Aquellos en el círculo intentarán intercambiar lugares sin perder su lugar para la persona en el medio.

Para lograr sus objetivos, los participantes deberán comunicarse y negociar sus movimientos utilizando el contacto visual y señales no verbales.

Ejercicio 35: nudo humano

Los participantes del grupo deben enredar sus extremidades y tratar de aflojarlas. El grupo debe compartirse en dos equipos más pequeños si los participantes son muchos.

Los dos grupos deben sentarse en un círculo apretado, estirar los brazos y sostener a una persona sentada a su lado pero no directamente. El enredo puede tener lugar a cualquier velocidad que se adapte a los participantes. Pero, el desenredado debe hacerse con cuidado para evitar causar lesiones a nadie. Los participantes deben evitar hablar mientras realizan la actividad y en su lugar deben usar gestos.

Ejercicio 36: Dibujo grupal

El grupo debe ser compartido en equipos. Cada equipo tendrá que colaborar y hacer dibujos basados en una idea o tema en particular. Debe haber un límite de cinco segundos después del cual una persona pasará el sorteo a la siguiente persona para que haga su propia contribución. Todas las comunicaciones deben hacerse utilizando señales. Toda persona tiene que contribuir al dibujo. Se debe seleccionar otra imagen y esta vez se debe pasar en un orden diferente al primero.

Para hacerlo aún más divertido, se les puede pedir a los equipos que cambien sus fotos inacabadas o intercambien artistas cuando estén a mitad de la actividad.

Capítulo 3: Ejercicios prácticos para persuadir a las personas

La persuasión es un fenómeno que nunca es fácil en absoluto. Algunas personas son bendecidas con el don de la persuasión, lo que significa que pueden hacer que las personas hagan lo que quieran con el menor estrés posible. Tenga en cuenta que las personas que hacen esto también tienen dificultades para persuadir a otros grupos difíciles de personas cuando llegue el momento. Luego hay un grupo de personas que no tienen experiencia en lo que respecta a la persuasión. Son el tipo de personas que no pueden persuadir a una persona para salvar sus vidas.

La persuasión es una habilidad que todos deberían tener porque tiene una manera de hacer que las personas se sientan más en control de las cosas que suceden a su alrededor. Si eres parte del grupo que tiene poca o ninguna idea de cómo persuadir a las personas de manera efectiva o eres parte del grupo que sabe cómo pero aún quiere repasar tu juego, hay ciertas cosas que debes intentar para obtén lo que quieres casi siempre a través del arte de la persuasión. Estas habilidades mostrarían su plena efectividad cuando se practica una y otra vez. Aquí hay algunos ejercicios para probar:

Ejercicio 1: Vestir de acuerdo con la Ocasión en Todo Momento

Las primeras impresiones lo significan todo. Es por eso por lo que nunca debe fallar cuando se trata de verse lo mejor posible en todo momento. Cuando entras en una habitación, especialmente cuando es una habitación en la que quieres convencer a una persona o a un grupo de personas, asegúrate de hacerles entender que te refieres a los negocios y que no estás allí para bromas a través de tu vestimenta. No puedes entrar a una habitación con gente que esté bien vestida y pareces que un auto te atropelló y esperas llamar su atención de alguna manera. Eso es casi imposible.

Cuando ingrese al lugar donde se supone que debe persuadir a la persona (o personas), asegúrese de que su vendaje emita confianza antes de saludar al cliente o grupo de clientes. Cuando pueda lograrlo con éxito, existe una gran posibilidad de que pueda convencerlos de que hagan lo que cree que es mejor para ellos.

Esta es la razón por la que verá agentes de bienes raíces vistiéndose de manera tan profesional y limpia. Quieren transmitir el mensaje de que saben lo que es mejor para usted, y si se ha enamorado de algo así en el pasado, podría haber sido persuadido con éxito. Por eso es importante vestir la pieza. Debes saber que vestir la parte cuando quieres persuadir a alguien para que haga algo puede ser la diferencia entre obtener lo que quieres y perderte un gran negocio. Para obtener lo que desea, primero mire la parte y vea cómo todo lo demás cae en su lugar.

Vestir la parte es bueno y todo, pero hay algunas cosas que nunca debes hacer cuando te vistes para impresionar. Algunas de esas cosas incluyen:

A. **Nunca se vista de manera inapropiada**: Esto es lo último que quieres hacer cuando tiendes a vestirte para lucir la pieza. Cuando quieres que tu ropa hable por ti, quieres que digan cosas buenas y seguras sobre ti, y no pueden decir esas cosas cuando son prendas que muestran mucha piel o exponen partes innecesarias de tu cuerpo.

Esto es algo que puede echar a alguien de su juego de inmediato. Es posible que algunas personas no digan nada cuando lo vean porque quieren ser corteses y no quieren sentir que están entrometiéndose en su vida personal, pero en el fondo, han perdido todo el respeto hacia usted. Es posible que ese tipo de personas ni siquiera lo llamen para que haga algo por ellos nuevamente en el futuro. Hay muchas maneras en que vestirse de manera inapropiada puede ser malo para usted.

Tomemos, por ejemplo, si eres un agente de bienes raíces y quieres mostrarle a una pareja una casa que quieres que compren y te vistes como si fueras a seducir a alguien. No hay forma de que esa pareja compre esa casa, especialmente si uno de ellos siente que está tratando de seducir a su cónyuge, ya sea hombre o mujer. Aprende a usar ropa que no diga cosas negativas sobre ti, ya sea verdadera o falsa.

Debes aprender a usar ropa que solo diga cosas buenas de ti. Ropa que llamará la atención de la persona que está tratando de convencer de manera positiva. Cuando estableces con éxito eso, has cubierto la mitad de tus problemas.

B. **Nunca te confíes demasiado**: Mucha gente se equivoca esta parte todo el tiempo, ya sea que estén tratando de convencer a alguien o no. Cuando te vistes bien, no debes hacer que todas las personas que te rodean se sientan inferiores de ninguna manera. Puede verse ahora mismo y pensar: "No hago eso", pero existe la posibilidad de que lo haga, pero no se dé cuenta porque ya está acostumbrado. Probablemente ya lo veas prácticamente como nada.

Si quiere saber si es este tipo de persona, pregúntele a un amigo que no le mentiría y vea lo que tiene que decir. Algunas personas tienden a sentirse demasiado seguras de inmediato cuando notan que están mejor vestidas que usted. Es como si, al descubrir que se ven mejor que todos, su ropa envía una señal a sus mentes que aumenta su confianza. Dichas personas irían a un lugar donde se supone que deben persuadir a alguien para que obtenga algo, solo para distraerse y comenzar a comentar ligeramente sobre el apósito de la otra persona. La forma en que lo hacen a menudo parecería insultante, a pesar de que no tienen tales intenciones.

No quiere que la persona que está tratando de persuadir piense que está tratando de insultarla o menospreciarla. Esto se debe a que cuando comienzan a pensar así, sus posibilidades de convencerlos de que hagan algo se reducen a casi cero. Hay historias de personas que salen de una reunión simplemente por lo que alguien dijo sobre su atuendo.

Si puede evitar estas dos cosas cuando se viste para impresionar, no hay absolutamente ninguna manera de que no logre convencer a una persona o a un grupo de personas. Es decir, si tiene las habilidades adecuadas, por supuesto, porque vestirse de la manera correcta no es la única forma de obtener lo que quiere de una persona. Hay muchas otras formas.

Ejercicio 2: use las palabras correctas cada vez

Como humanos, estamos obligados a cometer algunos errores cuando hablamos, especialmente cuando estamos nerviosos, pero este es un error que no quieres cuando intentas convencer a una persona para que haga algo.

Cuando está hablando con la persona que está tratando de convencer, es importante que le hable con palabras poderosas. Palabras que no solo llamarán su atención, sino que también mantendrán su atención en ti. Uno de los principales objetivos de persuadir a una persona es hacer que esté de acuerdo con lo que quieres que haga, por absurdo que sea. Esto no sería posible si no sabes cómo hablar con ellos.

Uno de los factores clave de la persuasión es la buena comunicación en cualquier forma, pero también debe respaldarlos con palabras poderosas que pongan emoción en sus mentes y también los intriguen para saber más. Hay muchas personas que van a la escuela durante años y años para poder hablar con la gente y hacer que hagan prácticamente cualquier cosa que quieran que hagan.

Este tipo de personas usan diferentes métodos para poder hablar con sus clientes en todo momento, pero debe saber que los profesionales apenas usan un método dos veces en el mismo cliente, especialmente si ese cliente acaba de tener un encuentro con ellos. Intentan cambiar un poco las cosas. Este consejo no solo funciona en el sector empresarial, sino que también podría funcionar en el hogar.

Si sabes las palabras correctas para decirle a tu padre, palabras que podrían persuadirlo y convencerlo al mismo tiempo, serías capaz de obtener lo que quieres y cuando lo deseas sin mucho estrés. Todo lo que tiene que hacer es encontrar palabras que se relacionen con la persona en particular que está tratando de persuadir, y cuando tenga eso, hay una buena posibilidad de que pueda persuadirlas.

Los buenos profesionales entablan una conversación con una persona que están tratando de convencer sin ninguna forma de preparación en forma de qué decir. Se les ocurre lo que quieren decir a medida que avanzan.

Para convencer a alguien, se espera que hayas estudiado a la persona y memorizado las palabras para usar. Pero si crees que no podrás recordarlos, puedes usar tarjetas de referencia. Sin embargo, esto podría hacer que tus habilidades persuasivas no sean convincentes. Es importante que esconda las cartas de la persona que está tratando de convencer lo mejor que pueda.

Si no podrá usar las tarjetas y ocultarlas con éxito al mismo tiempo, puede usar ciertas palabras de activación. Las palabras de activación son aquellas que se pueden usar para ayudar a recordar ciertas palabras poderosas que desea usar en alguien. Por ejemplo, si está tratando de presentar una idea de un automóvil más seguro a una persona y su palabra de poder es "accidentes", y siente que va a olvidarlo, puede usar la palabra "colisión" para recordarlo.

Todo este proceso puede parecer mucho trabajo, pero es una técnica conocida por ayudar a muchas personas a llegar a donde están ahora en el arte de la persuasión. Hablar con una persona de la manera correcta y usar las palabras con las que sabes que la persona podría relacionarse es solo que estás un paso más cerca de persuadirlas. En un escenario en el que tiene dos o más personas en una habitación para persuadir, tiene que cambiar un poco las cosas porque no hay forma de que la palabra de poder que está utilizando en una persona en particular se aplique al resto de las personas.

Entonces, ¿Qué haces? Tienes que pensar en tus pies. Cuando entre en la habitación, intente usar diferentes palabras de poder para llamar la atención de todos al mismo tiempo. No es obligatorio que deba llamar la atención de todos los presentes, pero debe poder captar la atención de la mayoría de ellos porque, si lo hace con éxito, los demás no tendrían otra opción que sentarse y escuchar qué es lo que tienes que decir.

Hacer palabras poderosas no es tan fácil como parece, pero hay algunas palabras poderosas que podría usar en las personas para llamar su atención y mantener su atención hasta que haya terminado con la persuasión. Algunas de estas palabras incluyen:

- **Porque**: "Porque" es una palabra que se usa para mostrar la razón de algo o por qué ocurrió ese evento en particular. Si vas a usar cualquier palabra de poder cuando tratas de persuadir a alguien, "porque" es la palabra para ti. Esto no significa que debas comenzar y terminar cada oración con ella, porque eso sería francamente absurdo y molesto.

  Cuando usa "porque", debería ser cuando está tratando de convencerlos de por qué deberían obtener algo o por qué no deberían. Por ejemplo, podría decir que "debería comprar un auto nuevo porque el viejo no tiene una bolsa de aire y podría ser muy peligroso en caso de accidente".

Nadie te escuchará cuando les digas que obtengan o hagan algo cuando no saben la razón por la que se supone que deben hacerlo o hacerlo. Cuando usa la palabra porque, podría intentar aumentar el tono de su voz para que estén alertas en todo momento, especialmente cuando usa la palabra. Si usa esta palabra como se supone que debe hacerlo, no necesita hablar mucho para convencer a una persona.

Todo lo que tiene que hacer es decirles que necesitan obtener algo y decirles por qué necesitan obtenerlo, y si juega bien sus cartas, podría haber persuadido exitosamente a una persona sin estresarse. Esto también funcionaría si eres un adolescente y estás tratando de convencer a tus padres de que te consigan un teléfono nuevo. Cuando vayas a ellos, diles que necesitas un teléfono nuevo y antes de que empiecen a derribar tus planos de ideas, comienza a decirles por qué lo necesitas.

Por eso es importante practicar lo que va a decir y cómo lo va a decir. Si presenta sus razones muy bien y les gusta, definitivamente obtendrá un nuevo teléfono, pero si no lo hacen, siempre podría intentarlo nuevamente.

- **Tu**: Cuando usas la palabra "tú" cuando intentas persuadir a alguien, ayuda a la persona a enfocarse más en ti y menos en cualquier cosa o alguien a su alrededor. Por ejemplo, si estaba hablando con una persona y estaba tratando de persuadirla, y le decía: "Señor, ¿no suena bien?" El enfoque de la persona se volvería hacia usted en ese momento porque logró involucrarlo en lo que estaba haciendo.

Una de las principales razones por las cuales las personas pierden el enfoque o la atención durante conversaciones como esa es porque se aburren, pero si logras involucrarlos en la conversación, existe una gran posibilidad de que su atención sea tuya para hacer lo que quieras hacer con. "Usted" también puede ser efectivo cuando intenta pasar un mensaje a un grupo más grande de personas. Cuando intentas persuadir a un grupo de personas para que hagan algo, puedes llamar a una persona de vez en cuando para pedirle su opinión sobre lo que has estado diciendo.

Esto significa que está involucrando a la multitud, y nadie sabe quién es el próximo, por lo que querrían escuchar para que si los llama, puedan participar como todos los demás. Esto también puede ayudarte porque cuando intentas interactuar con las personas, escuchas sus opiniones, lo que hace que persuadirlos sea aún más fácil.

Si sabes a quién quieres persuadir, no sería difícil para ti obtener lo que quieres de ellos.

Esta palabra también se usa mucho en las escuelas, especialmente con los estudiantes que no interactúan en clase. Cuando los involucras cada vez y los llamas diciendo la palabra "tú" cuando se supone que debes hacerlo, existe la posibilidad de que vayas a lugares en términos de persuasión.

- **Gratis**: Esta es una palabra que no parece tener ningún poder, pero la palabra "gratis" es más poderosa de lo que puedas imaginar. Una cosa que la gente ama más en el mundo son las cosas gratis. A veces a estas personas ni siquiera les importa de qué se trata todo lo importante es que es gratis; ellos lo van a tomar. Si desea presentar una idea a alguien, especialmente cuando se trata de que la persona compre algo, y agrega obsequios al acuerdo, las estadísticas muestran que aceptarían la oferta antes de completar la oración.

Algunas personas incluso traían a algunos amigos y familiares para ver el hermoso trato que había planeado para ellos simplemente porque habló con ellos y usó la palabra "gratis" cuando intentaba persuadirlos. A veces, no es necesario que trates un trato gratuito para llamar su atención. Podría intentar conseguir algunas cosas como chocolates gratis, refrescos o refrigerios gratis.

Es por eso por lo que verías que en ciertas ocasiones cuando la gente se cansa y quiere irse a casa, el anfitrión sale y dice que habrá refrigerios gratis al final de la ocasión. Al escuchar eso, muchas personas se quedarían atrás incluso cuando están exhaustos. Eso te muestra cuán poderosa es la palabra gratis.

Estas palabras no son las únicas palabras poderosas de persuasión sobre eso. Todavía hay cientos más, pero debe saber que ninguno de ellos funcionaría eficazmente para usted cuando no sabe cómo usarlos. Existe una gran posibilidad de que use estas palabras casi todos los días, pero la razón por la que no lo ha notado es que no está usando las palabras de la manera correcta y en el escenario correcto. Si desea que sus palabras de poder generen un impacto cada vez que las usa, entonces úselas adecuadamente.

Ejercicio 3: no lo fuerces

Nunca debes mirar desesperado a la persona que estás tratando de convencer. Podría estar muy desesperado, pero lo último que quiere hacer es mostrar esa desesperación en su rostro porque si lo hace, no perderían tiempo en aprovecharse de usted. Cuando les haya presentado la idea una o dos veces en una semana o mes, no se acerque a ellos durante el mayor tiempo posible. Es decir, después de decirles que lo que les está ofreciendo es una oferta por tiempo limitado y que muchas personas la han buscado, incluso si no lo ha hecho.

Hay muchas personas, ya sea que estén en el negocio o no, que quieren lo que todos quieren. Cuando les hace saber que la oferta que está colocando en la mesa es por tiempo limitado, existe una gran posibilidad de que quieran esa oferta lo más rápido posible, lo que significa que los está persuadiendo incluso sin estar frente a ellos.

Si desea que esta técnica funcione, no debe verificarla todo el tiempo, y si se reúnen en persona, podrían fingir que hablan con otra persona que necesita esa misma oferta, y cuando ven que se refieren a negocios, no hay forma de que vayan a perder más tiempo.

Antes de que te des cuenta, los has persuadido al mantenerte alejado de ellos. Esto también se puede hacer con mucha gente. La cuestión es que se dice que es más eficaz con un grupo de personas porque cuando un grupo de personas presenta una idea jugosa, y todos son conscientes del hecho de que la idea tiene un tiempo limitado, querrían obtenerla. terminar con lo antes posible. Algunos de ellos incluso querrían finalizar el trato allí y luego.

El truco aquí es jugar bien sus cartas y no dejar que nadie llame a su farol en absoluto. Si intentan hacerte estremecer y sacar a la persona desesperada que hay en ti, mantén la calma porque vendrán a buscarte.

Si va a utilizar esto para fines comerciales y no tiene muchos clientes, no se recomienda que utilice este método porque puede perder su único cliente. Lo que pasa con las personas que recién comienzan es que la persona que estás tratando de persuadir espera que estés con ellos todo el tiempo. La persona también espera que usted esté disponible para él en todo momento, especialmente si tiene preguntas.

Esto puede lograrse con éxito por un profesional, alguien que ha estado en esto durante mucho tiempo y alguien que ya tiene muchos clientes que saben de lo que es capaz esa persona. Cuando ese tipo de persona está tratando de hacer este tipo de truco, no serán cuestionados de ninguna manera porque sus clientes saben que usted es un profesional y saben que muchas personas quieren y necesitan sus servicios en todo momento.

Esto funcionaría aún mejor cuando tienes muchas buenas calificaciones de muchos clientes prometedores. Cuando solo hay buenas noticias acerca de usted, todo lo que tiene que hacer es poner las cosas en movimiento y ver que todo lo demás se acomode con poco o ningún estrés.

Es imperativo saber que una técnica como esta solo se puede hacer y perfeccionar con mucha práctica y determinación. Puede tener a todos los clientes del mundo para persuadir, pero no sabe cómo poner esto a su favor y si no practica lo suficiente antes de entrar en cosas como esta, sabrán de inmediato que está faroleando y no tardes mucho en devorarte.

Si eres del tipo que ya tiene una forma de hacer las cosas y tus clientes están acostumbrados a lo que haces pero te aprovechas, y quieres cambiar un poco las cosas, siempre puedes hacerlo sin importar lo extraño que sea . Lo único que tienes que hacer es asegurarte de no forzarlos.

Cuando intente emplear el nuevo método de la forma en que los persuade, asegúrese de hacerlo a su propio ritmo. No se apresure a que encajen. Lo último que quiere hacer es darle a la persona que está tratando de persuadir un ultimátum. Cuando pruebe el nuevo método en primera persona, lleve ese método lentamente a todos los demás clientes. Por ejemplo, si presenta una idea a un grupo de personas y le dice a uno en privado que la oferta es limitada, esa persona eventualmente filtraría las noticias. Antes de que te des cuenta, la gente vendría por la oferta. Si no te apresuras, te sorprendería el resultado.

Ejercicio 4: Entiende su lenguaje

Comprender su idioma no significa necesariamente que si la persona que está tratando de persuadir habla francés, usted también debería hacerlo. Pero significa que debes aprender a comprender sus modales, ya que te ayudaría mucho al tratar de convencerlos. ¿Cómo? Todos querrían hacer algo con personas que piensan como ellos. Personas que comparten sus ideas y pensamientos al mismo tiempo.

Si puede hacerles saber que tiene sus ideas en su cabeza en todo momento, existe una gran posibilidad de que pueda presentarles virtualmente cualquier idea y que lo escuchen porque usted piensa como ellos. Cuando entiendes cómo habla una persona y qué hace normalmente, sería más fácil para ti ir a lugares que otras personas no pueden.

Al hablar sobre el lenguaje, también puede intentar comprender el idioma de la persona que está tratando de persuadir. Puede ser francés, español o italiano. Esto no significa que debas ir a tu habitación y meter todo el diccionario de francés en una noche porque si haces eso, solo te harás daño.

Cuando desee aprender el idioma de la persona que está tratando de convencer, todo lo que tiene que hacer es aprender cosas fáciles como cómo saludan y, probablemente, cómo dicen que sí o no. Por ejemplo, si se supone que debes persuadir a un empresario japonés y comienzas la reunión con una reverencia, existe una gran posibilidad de que hayas recibido el respeto de esa persona.

En persuasión, se sabe que las cosas más leves le brindan los mejores resultados, lo que significa que no necesita hacer grandes cosas como aprender el idioma completo de la persona. Todo lo que tienes que hacer es saber qué decir en su idioma y qué no. Cuando puede llamar su atención cuando dice algo en su idioma, existe una gran posibilidad de que los persuada de manera efectiva.

También debe comprender que aprender el idioma completo de una persona no es malo en absoluto si tiene tiempo, pero si no lo hace, se recomienda que se adhiera a lo básico y deje que el resto se desarrolle por sí mismo. También puede intentar usar puntos y notas clave cuando habla en su idioma, pero tenga en cuenta que algunas personas pueden verlo como poco profesional y otras personas pueden verlo como bueno y pueden quedar impresionados por el hecho de que usted va todo para que se sientan cómodos.

Cuando quiera aprender a hablar el idioma de una persona de alguna manera, hay ciertas cosas que nunca debe hacer. Estas cosas podrían ser la diferencia entre que obtengas lo que quieres y que te echen. Estas cosas incluyen:

- **No te excedas**: Esto es algo que mucha gente hace. Algunas personas no pueden evitarlo en la medida en que comienzan a decir cosas que no quieren. Si vas a aprender el idioma de una persona, sigue las cosas fáciles porque no quieres morder más de lo que puedes masticar.

- **Pronuncia tus palabras con la mayor claridad posible**: Si desea impresionar a la persona que está tratando de convencer, debe aprender a pronunciar cada palabra de la manera exacta. Esto puede parecer difícil porque la mayoría de las pronunciaciones requieren acentos, pero si desea dar a conocer su presencia, pronuncie las palabras correctamente. Si no pronuncia las palabras correctamente, puede significar algo más y puede parecer ofensivo para la persona que está tratando de persuadir. No quieres que tu "hola" suene como "eres estúpido", ¿verdad?

Si intenta pronunciar las palabras una y otra vez y no lo hace bien, puede intentar usar Internet para obtener la pronunciación de la manera correcta. Hay muchos videos e imágenes que enseñan a las personas cómo pronunciar ciertas palabras, incluso en inglés. Cuando se familiarice con todas estas palabras y las pronuncie de la forma en que se supone que deben hacerlo, podrá transmitir un mensaje más claro y vívido a la persona o grupo de personas con las que está tratando de relacionarse.

- **No sientas que lo sabes todo**: Esto probablemente podría ser tu perdición. Si tiene en cuenta que lo sabe todo y no necesita la ayuda de nadie de ninguna manera, no hay absolutamente ninguna manera de que pueda aprender el idioma de una persona. Aprenda a hacer preguntas no solo de Google. Haga preguntas a las personas que conocen el idioma, las personas que tienen muchos años de experiencia. La conclusión es preguntar a las personas que no les resulta difícil entender el idioma. Lo último que quieres hacer es sentir que lo sabes todo porque si lo haces, estarías caminando ciegamente a la guarida de los leones, y no quieres que esos leones te devoren.

Con todo esto enumerado y explicado, si puede evitar todo esto y asegurarse de cumplir con lo que necesita hacer, existe una gran posibilidad de que pueda persuadir a cualquiera que use su idioma. Si crees que lo del lenguaje va a ser malo para ti, siempre puedes abandonar esa estrategia y seguir con el inglés. Esto se debe a que puedes hablar su idioma y aún así no puedes convencerlos.

Ejercicio 5: el tiempo lo es todo

El tiempo lo es todo cuando intentas convencer o persuadir a una persona para que haga algo que quieres. Cuando desee persuadir a una persona, debe hacerlo en momentos específicos. Debe estudiar a la persona que desea persuadir y conocer el momento adecuado para presentarles ciertas ideas y también descubrir los momentos equivocados. Cuando pueda encontrar el momento adecuado para hacer ciertas cosas, podrá persuadir a las personas fácilmente y sin estrés.

El tiempo es algo que no mucha gente da por sentado. Es posible que esté buscando el momento adecuado para hablar con una persona, y cuando finalmente lo hace, termina llegando tarde. Debe tomarse el tiempo muy en serio, especialmente cuando desea convencer a alguien o a un grupo de personas.

A veces, solo el hecho de que estés allí temprano muestra a la persona que estás tratando de convencer de que te refieres a los negocios, y no estás allí para molestarlos. Si desea impresionarlos más, podría estar allí mucho tiempo antes de que entren. Cuando lleguen y lo vean esperar, incluso si llegan temprano, se sentirían mal y se verían obligados a escucharlo para que no lo hagan. perder mucho de tu tiempo Esta es una técnica que muchas personas dan por sentado.

La cuestión del tiempo es que no conoce los eventos que ocurrirían para llegar tarde a una cita, pero necesita aprender a anticipar los factores que pueden retrasarlo para un evento o cita. Algunos de estos factores incluyen:

- **Trafico**: Este es uno de los factores más comunes que pueden hacer que llegue a una cita tarde, y lo que pasa con el tráfico es que podría formarse en cualquier día y en cualquier lugar, incluso en lugares donde nunca hay tráfico. Si realmente desea evitar el tráfico, especialmente por las mañanas, busque lugares donde haya poco o nada de tráfico y siga esas rutas en todo momento. Pero, si debe seguir las carreteras que casi siempre tienen tráfico, puede intentar salir de su casa lo antes posible antes de que el tráfico pueda comenzar a formarse.

Si puede llegar con éxito a su destino incluso antes de la hora pico, es oro. A veces, sus clientes incluso pueden quedar atrapados en el tráfico y comenzar a sentirse mal que pueda estar esperando. No hay forma de que él o ella no te escuchen cuando finalmente lleguen allí.

- **Vecinos**: Los vecinos siempre tienen una manera de desacelerarte, especialmente cuando vas a trabajar. Puede ser que quieran hacerle saber algo que sucedió durante su ausencia o algo que sucederá cuando esté ausente, y lo curioso es que algunos de ellos ven que tiene prisa por salir de la situación. , pero quieren hablar contigo por todos los medios. Si quiere deshacerse de los vecinos así, todo lo que tiene que hacer es hablar con ellos y, en algún momento, decir: "Llego tarde al trabajo, ¿podemos hablar de esto cuando regrese?". Cualquiera que escuche esto sabe que quiere irse, y pueden detener lo que dicen para más tarde o acelerarlo.

La razón principal por la cual las personas son detenidas por sus vecinos es que no saben cómo decirles que no quieren escucharlas en ese momento. Es importante que cuando haga esto, se haga de la manera más limpia y agradable posible, lo que significa que no debe ser grosero cuando intenta abandonar la conversación, y no debe callarlos innecesariamente. Si quieres hacerles saber qué es lo que quieres hacer, todo lo que tienes que hacer es decirlo cortésmente, y antes de que te des cuenta, estarían fuera de tu alcance.

- **Niños**: Muchos padres estarían de acuerdo con este factor en particular. Cuando tienes niños que van a la escuela todos los días, seguramente llegarás tarde si no planificas las cosas muy bien. Esto podría incluso ser peor si los niños todavía son niños pequeños. Antes de despertarlos, bañarlos, darles el desayuno y prepararlos para la escuela, existe una gran posibilidad de que ya llegue tarde a su cita. Es aún peor cuando eres tú quien los lleva a la escuela.

Si quiere evitar cosas como esta, necesita ayuda. Podría ser una sirvienta o un miembro de la familia que podría volver a casa ese día para ayudarlo con los niños debido a la cita a la que tendría que ir al día siguiente. Cuando tenga a alguien que lo ayude, podrá hacer las cosas de manera fácil y más rápida sin ningún tipo de estrés. Esto no significa que no debas hacer nada por ellos. Solo significa que no debes hacer todo por ellos. También puede hacer que vayan con el autobús escolar para evitar el riesgo de llegar tarde a su destino.

Todavía hay muchos factores que podrían hacer que llegue a una cita tarde, y debe encontrar las lagunas en todos estos factores y utilizarlos para su ventaja. Cuando puede salir de la situación simplemente usando las lagunas en ellos, hay una buena posibilidad de que pueda llegar a cualquier cita sin hacer que su cliente lo espere por horas. El tiempo es una de las técnicas de persuasión más importantes y no debe darse por sentado.

Ejercicio 6: Usa las emociones para su ventaja

Esto es algo que no mucha gente sabe hacer. Todo lo que algunas personas hacen es hablar y hablar y hablar sin mostrar ninguna emoción en sus rostros. Cuando quieras convencer a alguien, deberías poder hacer ciertos gestos con tu cara. No debes tratar de persuadir a alguien para que haga algo y decir que lo hará feliz, pero mientras tanto, tienes la cara de alguien que mató a su perro. Si está tratando de lograr que alguien haga lo que quiere, debe aprender a respaldar sus palabras con la menor cantidad de emociones y gestos posibles.

No necesita mantener una cara seria desde el comienzo de la conversación hasta el final. Las estadísticas muestran que algunas personas están más interesadas en una conversación cuando ven algunas emociones frente a la persona que intenta hacer que esas conversaciones sucedan. Cuando dices algo que requiere una sonrisa, sonríe. Cuando dices algo que requiere que estés triste, entonces entristece. La cuestión es que si no sabes cómo expresar tus emociones de manera adecuada, no podrás persuadir a alguien de manera efectiva.

Hay muchas maneras de hacer que tus emociones funcionen a tu favor. Algunas de esas formas incluyen:

- **Practica**: Hay muchas personas a las que les cuesta poner emociones en todo lo que hacen. Puede ser porque no saben cómo hacerlo o porque nunca vieron la necesidad de hacerlo en primer lugar. Al igual que todo lo que no estás acostumbrado, llevaría un tiempo acostumbrarte, y eso solo se puede hacer con mucha práctica.

Puedes llegar a donde quieres llegar solo si practicas lo suficiente, y esto no es una excepción. Si quieres aprender a hablar con tanta emoción, todo lo que necesitas es practicar y una buena dosis de eso. Puede practicar con amigos y familiares y pedirles que lo califiquen cuando haya terminado. Asegúrate de que te den respuestas honestas y consejos para que sepas dónde repasar tu actuación. Su audiencia falsa debe ser lo más real posible para usted, lo que significa que incluso si son falsos, debe pensar de todas maneras que son tan reales como sea posible porque si piensa que no son reales, no va a tomar la práctica en serio.

Cuando crees que son reales, existe una gran posibilidad de que vayas a mejorar usando tus emociones. No necesariamente necesita usar una audiencia en vivo para practicar; La razón principal por la que las personas los usan es para recibir comentarios. También puedes usar tu imaginación para ayudarte a conseguir lo que quieres. Podrías imaginarte que las personas con las que quieres hablar están frente a ti, y necesitas hablar con esas personas imaginarias como si fueran reales. Imagine sus expresiones y su apariencia y posiblemente todo lo que piensan que la gente haría en eventos como ese. Debes hacer esto frente a un espejo o cámara para que puedas ver cómo te ves cuando tratas de retratar ciertas emociones mientras hablas.

Es importante saber que este tipo de práctica no funciona la primera vez que lo prueba. Cualquiera que te diga lo contrario está mintiendo. Debe saber que si desea hacer todo esto bien, debe asegurarse de pasar semanas y tal vez meses para perfeccionarlo. Esto puede parecer mucho, y a veces puede pensar: "¿Cuál es la necesidad?" Al final, si juegas bien tus cartas, incluso podrías retratar emociones felices cuando hablas con un cliente, incluso cuando estás triste Debes saber que el tiempo no importa. Lo único que importa es que obtienes lo que quieres.

- **Ayuda**: Esto puede parecer una práctica, pero es completamente diferente. Obtener ayuda en este contexto significa obtener ayuda profesional. Algunas personas ni siquiera saben sonreír, incluso cuando son felices, y debes saber que problemas como ese no se pueden resolver hablando con un amigo o un familiar.

Es posible que la práctica ni siquiera funcione si no aborda la causa inicial de su problema en primer lugar. Lo que necesita en este momento es ayuda profesional, y la terapia es algo que debe probar para poder conocer la razón principal por la que no puede mostrar emociones mientras habla. Esto puede parecer poco importante, pero es muy importante y puede ser un problema muy serio si no se aborda tarde o temprano.

Cuando sabes lo que te pasa, hay una gran posibilidad de que puedas abordar ciertos problemas que pueden surgir bajo ese problema en particular. Su sesión de terapia debe centrarse en la razón principal por la que no puede aprovechar sus emociones mientras habla. Hay historias reales de personas que no pueden llorar sin importar la situación.

Hubo una entrevista que se llevó a cabo con una persona así, y dijo que descubrió en su sesión de terapia que la razón por la que no podía llorar era que su madre siempre sostenía la boca cuando quería llorar cuando era pequeña. . No hay forma de que ella hubiera tenido la capacidad de abordar ese problema si no hubiera sabido la causa del problema en primer lugar. Si puede obtener todo esto para ayudarlo a hablar mejor con la gente, está un paso más cerca de comprender el verdadero arte de la persuasión.

Todos los ejercicios enumerados anteriormente son conocidos por ayudar a muchas personas a persuadir a otras personas a hacer cosas que nunca habrían hecho por su cuenta en primer lugar. Si va a poder lograr esto, debe hacerlo con mucha práctica porque nada bueno es fácil. Incluso si ya sabe cómo persuadir a alguien, aún necesita practicar el uso de estos ejercicios. Es decir, si quieres ser completamente perfecto en lo que haces.

Capítulo 4: Ejercicios prácticos para el control mental

El control mental es un fenómeno que ha fascinado a muchos científicos a lo largo de los años. Le da a una persona la capacidad de plantar ciertas ideas y pensamientos en la mente de otro y activarlos con la ayuda de un disparador o un conjunto de disparadores. Es importante saber que no todos pueden ser controlados por la mente. Para algunos, puede ser difícil, mientras que para otros, puede ser prácticamente imposible, por lo que debe saber que estos ejercicios no funcionarían para todos, pero podrían ayudarlo a tener la mente de algunas personas y controlarlos. ciertas formas. Algunas de estas técnicas y ejercicios incluyen los siguientes.

Ejercicio 1: hipnosis conversacional

Como su nombre lo indica, es una forma de comunicarse con la mente inconsciente de una persona sin que la persona lo sepa en absoluto. La razón principal por la que se llama hipnosis conversacional es que se realiza principalmente durante una conversación. Esto significa que podría estar en un lugar teniendo una conversación regular con una persona, sin saber que la persona está tratando de hipotetizarlo. Si está llevando a cabo este tipo de hipnosis, debe hacer que su conversación sea lo más clara y limpia posible.

La hipnosis encubierta, como se le llama con mayor frecuencia, es una forma muy sutil de tomar el control de la mente de una persona en todo momento. Al igual que cualquier otra técnica de control mental, la hipnosis encubierta no funcionará en cualquiera, pero si desea comenzar el procedimiento en una persona o un grupo de personas, hay algunas cosas que debe asegurarse antes de hacerlo nada en absoluto.

En primer lugar, debe asegurarse de que la persona que está tratando de hipnotizar ha centrado la atención y siempre responde a sus sugerencias. No hay forma de que entres en la mente de una persona usando esta técnica si la persona no tiene un buen enfoque en nada, especialmente cuando se trata de las cosas que dices. Se llama hipnosis conversacional por una razón.

La persona que está tratando de hipnotizar debe centrarse en la conversación que ambos están teniendo. De lo contrario, no hay posibilidad de que funcione. Además, las sugerencias son muy importantes. La persona que está tratando de hipnotizar debe estar en línea con cada sugerencia que haga, sin importar cuán absurda sea. Si intentas hipnotizar a alguien que siempre hace muchas preguntas y no quiere escuchar o creer nada de lo que tienes que decir, habría un gran problema porque ese tipo de persona no podría ser controlada mentalmente de ninguna manera en absoluto. Si está tratando de controlar la mente de otra persona que usa esta técnica, debe tener en cuenta cosas como esta. Pueden significar la diferencia entre obtener lo que quieres y fallar miserablemente.

Si sus candidatos cumplen con estos requisitos, todo lo que tiene que hacer es plantear sugerencias durante su conversación y creerlo o no, si entiende completamente lo que está diciendo, podrá hacer que esas sugerencias sean sus nuevos pensamientos con éxito.

Este tipo de hipnosis está lejos de ser fácil porque no puedes hacerlo con cualquiera. Necesita poder encontrar al candidato adecuado. Alguien que conoces podría hacer las cosas que quieres y no las que quiere, y si por casualidad puedes encontrar a alguien así, podrías plantar ciertas ideas en sus cabezas sin que ellos lo sepan. Estas ideas las creerían más que las cosas que están viendo o pueden ver con sus propios ojos. Es tan cierto.

Hay historias de personas que fueron hipnotizadas y estaban destinadas a creer ciertas cosas, y cuando salieron de la hipnosis, creyeron cosas que no tenían evidencia. Imagínese entrando en la hipnosis, y para cuando salga de ella, cree que en algún momento solía haber ballenas que volaban. Puede creer algo como esto profundamente, incluso más que el hecho de que respiramos oxígeno.

Esto es lo poderosa que puede ser la hipnosis conversacional. Puede sucederle así sin su conocimiento en absoluto. Puede estar sentado allí teniendo una conversación buena y tranquila, sin saber que está siendo hipnotizada lenta pero seguramente. Si va a probar esta técnica, debe saber que nunca debe hacerlo para plantar malas ideas o sugerencias en la mente de las personas.

Si debe hacer esto, hágalo como una forma de plantar buenas sugerencias en la mente de las personas porque no quiere ser Hitler en este momento. Sí, hay historias de personas a las que Hitler usó el control mental para llegar. Estas personas irían a lugares, harían esto y también darían información que normalmente no darían si estuvieran en sus cabales.

Al intentar realizar esta forma de control mental, hay ciertas cosas que debes evitar. Algunos de ellos son:

- **Nunca intentes hipnotizar a una persona en un lugar ruidoso**: La clave para la hipnosis es el enfoque, y debes saber que no vas a tener mucho enfoque de la persona que estás tratando de hipnotizar cuando el lugar es tan ruidoso que apenas puedes escucharte a ti mismo. Debes estar en un lugar lo más tranquilo posible. Esto no significa que deba estar en un lugar donde nadie hable; solo significa que deben estar en un lugar donde ambos puedan escucharse mutuamente. Cuando encuentras un lugar así, se dice que la hipnosis es más fácil.

- **No fuerces tus sugerencias**: Esto es probablemente lo último que desea hacer cuando intenta hipnotizar a una persona. Cuando intentas forzar tus sugerencias sobre una persona, especialmente cuando la persona se resiste, rompe el enfoque de la persona y cuando se hace eso, establecer ese tipo de enfoque nuevamente es virtualmente imposible, y si sucede, va a suceder. tomar un período más largo para establecer.

Ejercicio 2: el uso de palabras clave hipnóticas

La hipnosis es conocida como una de las formas más efectivas para controlar las mentes de los demás, incluso si no se puede usar en cualquiera. Cuando intentas hipnotizar a una persona para que crea algo que quieres creer, hay ciertas palabras que puedes usar para asegurarte de que obtendrás lo que quieres de ella cuando termine el estado hipnótico. Algunas de estas palabras incluyen lo siguiente:

- **Imaginar**: Esta es una palabra clave muy poderosa en el arte de la hipnosis porque podría hacer que la gente crea cosas que ni siquiera existen. También hace que la gente crea cosas que están lejos de ser reales. ¿Cómo? Piensa en cuando miras ciertas películas de terror y en la película, el fantasma podría tomar a su víctima cuando se está bañando.

  De repente, imaginas que tu ducha se parece a la de la película, y no hay forma de que te duches pronto. Has imaginado la posibilidad de que ese tipo de cosas te sucedan. Como tal, evita situaciones en las que podría tener lugar. Lo mismo ocurre con este tipo de hipnosis. Cuando quiere entrar en la mente de una persona y controlarla, "imaginar" es una palabra que desea usar porque es conocida como una de las palabras clave hipnóticas más poderosas entre el resto.

Cuando use esta palabra clave a su favor durante la hipnosis, trate de no usarla mucho durante una sesión para no abandonar su juego. Si quiere hacerlo bien, todo lo que tiene que hacer es saber el momento adecuado para usarlo, y cuando lo descubra, existe una gran posibilidad de que tenga esas ideas en sus mentes con mucha facilitar.

- **Tal como**: Esta es una palabra que se usa para hacer que la persona que está tratando de hipnotizar sepa lo que le está sucediendo en ese momento. No importa qué tan lejos haya llegado con una persona en particular, usar esta palabra lo ayudaría a establecer más cuando se trata de hipnosis. Por ejemplo, podrías decir: "Mientras escuchas mi voz, comienzas a entender, y a medida que comienzas a entender, tu mente inconsciente ahora te está llevando a un trance profundo".

Puede pensar que prácticamente no está sucediendo nada mientras usa esta palabra, pero está muy equivocado porque están sucediendo muchas cosas a la vez. Les estás diciendo lo que quieres que sepan, y como no saben exactamente lo que está sucediendo, tienden a creerte y continúan con todo lo que estás diciendo. Es por eso por lo que ves que muchos hipnotizadores usan esta palabra.

Las palabras clave hipnóticas son como cualquier otra palabra, lo que significa que no hay nada especial para ellas. No tiene que pensar que, debido a que se llaman palabras poderosas, no tienen el mismo sentimiento que cualquier otra palabra. Estarías equivocado Estas palabras son como nuestras palabras cotidianas.

No hay nada especial para ninguno de ellos. Todos tienen el mismo significado y todos tienen el mismo propósito, pero la clave de las palabras es cómo se usan. Esto es lo que mucha gente no entiende. Cuando intentas hipnotizar a una persona con estas palabras, puedes tener éxito o fracasar dependiendo de cómo uses las palabras.

Si usa las palabras de la manera correcta, se supone que obtendrá más de lo que alguna vez imaginó, ya que puede lograr que las personas caigan en un trance más rápido de lo que jamás haya imaginado. Pero, si no usa las palabras correctamente, no tendría ningún impacto en la persona que está tratando de hipnotizar.

Lo importante de las palabras clave que las hace tan importantes es que tienden a crear un vínculo entre la mente subconsciente y consciente, lo que significa que sería más fácil entrar en la mente de las personas con las palabras que unen sus dos mentes. Esta es una de las razones por las cuales las personas tardan años y años tratando de practicar y perfeccionar las palabras correctas para hablar con las personas adecuadas.

Si desea comprender mejor este concepto y utilizarlo para su ventaja, debe practicar con muchas más palabras tan a menudo como sea posible, porque cuanto más practique, más fácil le resultará entrar en la mente de las personas y controlarlas a voluntad.

Si va a utilizar estas palabras, debe saber que todas estas palabras no funcionan para todos; es por eso por lo que debes usar las palabras con mucho cuidado. Cuando está usando una palabra en particular en una persona, y nota que la palabra que está usando tiene poco o ningún impacto en la persona, siempre puede cambiarla un poco con otras palabras. ¿Cómo sabes cuando las palabras no funcionan? Sabría cuando la persona que está tratando de hipnotizar no está comprando ninguna de sus sugerencias.

Cuando algunas personas piensan en el control mental, lo único que prácticamente se les ocurre es controlar la mente de otra persona. Debes saber que el control mental puede funcionar en ambos sentidos. Puede controlar su mente y obligarse a hacer cosas que normalmente no haría. Algunas personas nunca se verían a sí mismas haciendo algo como hacer ejercicio, y si eres ese tipo de persona, debes saber que la razón por la que no te ves haciendo eso es por la forma en que está tu mente. Inconscientemente has reestructurado tu mente en torno al hecho de que nunca harías ejercicio, sin importar cuántas veces te lo pidan.

Si quieres verte hacer ejercicio, todo lo que tienes que hacer es sentarte y controlar tu mente. Dile a tu mente lo que quieres que haga, y lo haría. Después de todo, se llama tu mente por una razón. Hay diferentes maneras en que puede controlar con éxito su mente. Algunas de estas formas incluyen:

Ejercicio 3: evitar pensamientos preocupantes

Hay muchas razones por qué una persona quiere pasar todo el día pensando en algo que ocurrió antes o que va a pasar. Puede ser por su cónyuge, dinero y mucho más. Si eres el tipo de persona que pasa todo el día o la noche pensando en algo que prácticamente no tiene sentido, debes saber que todo se debe a la estructura de tu mente.

La mente es un lugar donde incluso lo imposible puede volverse posible, no importa cuán irracional pueda parecer en realidad. Hay algunos trucos que puede usar para evitar cualquier forma de rumia perjudicial, e incluyen:

- **Crear un tiempo de "preocupación"**: Cuando se tiende a crear tiempo para sus problemas, hay una gran posibilidad de que usted resolverlos durante ese tiempo, lo que significa que usted no tiene que preocuparse acerca de ellos, incluso cuando usted no desea. Puede hacer esto en cualquier momento del día, pero debe ser en un momento en el que no tenga a nadie a su alrededor para crear cualquier tipo de distracción.
- **Salir a caminar**: Cuando sales a caminar, ves cosas diferentes, escuchas sonidos diferentes y mucho más. Usted puede hacer esto con una mascota o un miembro de

la familia. El objetivo aquí es hacer esto con una persona que te relaja, así.

- **Piensa en lo peor que podría pasar**: Esto puede sonar como que saltar en algo que no quiere formar parte de, pero cuando lo hace, todo lo que necesita hacer es imaginarse a sí mismo la solución de ese problema particular en el peor de los casos, y si usted es capaz de hacer eso , se dará cuenta de que puede haber resuelto el problema real y probablemente descubierto la razón principal por la que ha estado teniendo ese problema en el primer lugar.

Ejercicio 4: Cree en ti mismo en todo momento

Creer en ti mismo podría ser una de las mejores y más fáciles formas de controlar tu mente. Algunas personas siempre creen que no son lo suficientemente buenas, y que no van a llegar a nada en la vida. Puede pensar que estas personas quieren pensar de esta manera, pero no lo hacen. Existe la posibilidad de que una serie de eventos en sus vidas les hayan hecho creer menos de sí mismos. Pero pueden salir fácilmente de esa situación.

Todo lo que sienten y se dicen es el resultado de lo que la mente les dice en todo momento. Puedes controlar tu mente para que crea lo que quieres que crea, y eso se puede hacer fácilmente creyendo en ti mismo. Todo lo que tienes que hacer es sentarte y decirte cosas que eleven tu espíritu y tu alma.

Puede pensar que esto no va a tener ningún efecto. Pero si puedes pararte frente a un espejo y decirte a ti mismo que eres bueno en lo que haces una y otra vez, tu mente se vería obligada a creerlo. Y así, has logrado controlar tu mente.

Ejercicio 5: nunca te culpes

Esto puede no parecer una forma de controlar la mente, pero lo es. La mente puede hacer que te culpes por cosas que sabes que tienes poco o ningún control sobre.

Es posible que esté sentado en su casa y reciba una llamada de la escuela de su hijo de que su hijo se cayó y se lesionó. En lugar de preguntar si él o ella está bien, comienzas a culparte por todo cuando sabes que no hay forma de cuidar a tu hijo desde casa, a menos que quieras colocarle una cámara a tu hijo. Si algo sucede y no fue su culpa o más allá de su control, simplemente déjelo ir. Cuando aprende a evitar la personalización, ahora obtiene cierto poder sobre su mente, lo que significa que ahora podrá controlar su mente sin ningún tipo de estrés.

Controlar tu mente no es algo fácil y no debe verse como eso. No puedes controlar tu mente si no puedes dejar de lado ciertas cosas y meterte en el juego. Esta es probablemente la razón por la cual mucha gente lo encuentra difícil en primer lugar. La cuestión aquí es que si no puede poner cosas importantes frente a las que no son importantes, no hay absolutamente ninguna manera de que pueda controlar su mente sin estrés. Incluso si logra controlar su mente, siempre volvería si no realiza los ajustes necesarios.

Al igual que cualquier otro fenómeno, si quieres hacer algo así, debes practicar tanto como puedas. Cuanto más practiques, mejor lo lograrás. Si todo sale exactamente como lo había planeado, podría volverse tan hábil en el control mental que puede enseñar a otros a controlar sus mentes. ¡Qué plus!

Capítulo 5: Ejercicios prácticos que pueden usarse para prevenir el control mental

La verdadera pregunta aquí es por qué, en primer lugar, ¿alguien querría controlar tu mente? Es posible que algunas personas no quieran revisar algunos de estos ejercicios porque sienten que no habría razón para que una persona intente controlar sus mentes en primer lugar, pero debes saber que hay muchas razones por las cuales la gente puede querer para controlar tu mente Algunas de las razones por las cuales la gente querría controlar tu mente incluyen:

- **Quieren que les traigas algo**: Puede ser dinero, documentos o cualquier otra cosa. La razón por la que te han elegido es porque saben que eres el único que puede conseguirlo para ellos. Como tal, te conviertes en su proyecto de control mental. Incluso hay historias de personas que dicen que fueron robadas de una forma u otra, pero cuando revisaron las cintas de seguridad, las personas que llamaron a la policía fueron los ladrones. Suena extraño, ¿verdad? Un profesional puede hacer que robes tu propia casa y coloques una bomba allí solo, incluso si no tienes entrenamiento en bombas.

- **Pueden querer información**: Esta es otra razón por la cual alguien querría hipnotizarlo. No necesariamente necesita tener dinero para que alguien necesite algo de usted. Es posible que necesiten códigos de acceso o tal vez los nombres de personas en un lugar. Lo que quieren hacer con la información es un misterio total, pero es posible que hayas podido decirles cosas que normalmente no les dirías si no estuvieras hipnotizado en primer lugar.

El control mental es algo que a mucha gente le encantaría aprender, pero no mucha gente quiere que sus mentes sean controladas por otra persona de ninguna manera. Si eres ese tipo de persona, hay ciertas cosas que debes aprender a hacer para que no seas víctima de ninguna forma de control mental. Algunas de estas cosas están destinadas a funcionar en todo momento, mientras que otras solo funcionarían para un puñado de personas. No hay dos personas exactamente iguales, como ya sabes. Y diferentes personas requieren diferentes técnicas. Algunos de estos ejercicios prácticos incluyen:

Ejercicio 1: no mantenga los ojos en una posición

Las personas que tienden a controlar las mentes de los demás pueden ser muy hábiles a veces. Algunos de ellos querrían usar todo lo que puedan para llamar su atención para persuadirlo y controlar su mente en todo momento. Cuando note que está en presencia de alguien que quiere controlar su mente, intente lo más posible para mantener sus ojos en movimiento aleatorio. No permita que sus ojos se centren en una cosa al mismo tiempo, especialmente si esa cosa es algo que están sosteniendo.

Hay varias formas en que una persona puede controlar su mente, y sus ojos son una buena puerta de entrada para que eso suceda. No desea que su puerta de enlace esté abierta de par en par y que esté indefensa cuando alguien intenta meterse en su mente. Cuando alguien intenta controlar tu mente, y notas que todo lo que tienes que hacer es evitar cualquier tipo de contacto visual con él.

No dejes que piensen que pueden llegar a ti con tus ojos porque cuando lo hagan, usarán esa técnica contra ti casi todas las veces. Cuando personas así encuentran su punto débil, tienden a explotarlo sin importar cuántas veces intente ocultarlo. Es por eso por lo que no debes hacerles saber qué es eso en primer lugar.

Hay ciertas cosas que no debes hacer cuando intentas evitar el contacto visual con la persona que intenta controlar tu mente. Se dice que estas cosas son muy importantes y no deben darse por sentadas. Algunas de estas cosas incluyen:

- **No les dejes saber**: Nunca debe dejar que la persona que está tratando de controlar su mente sepa que usted sabe lo que está haciendo y, lo que es más importante, no le haga saber que conoce su técnica porque cuando sabe que usted está al tanto de su técnica. , tenderán a cambiarlo de inmediato y aún podrían conseguirte de una forma u otra. Si quieres salir de ese problema, todo lo que tienes que hacer es actuar ajeno.

- **No te distraigas**: Lo último que quiere hacer cuando se trata de evitarlo es distraerse con una persona que está tratando de controlar su mente. Cuando desee evitar algo como el control mental, debe asegurarse de estar alerta en todo momento. Cuando estás evitando los ojos de las personas que están tratando de controlarte, no debes olvidarlos y mirarlos por error nuevamente porque esa podría ser tu caída. Mantenga su mente y cuerpo alerta en todo momento porque en el momento en que baja la guardia, no dudarán en aprovecharse de usted.

Si puede mantener sus ojos en constante movimiento aleatorio y al mismo tiempo evitar todos estos punteros, existe una buena posibilidad de que nadie pueda entrar en su mente sin importar cuántas veces lo intenten. Debes saber que algunos profesionales se desviarán para contactarte, pero si te limitas a todo lo que necesitas hacer, serías uno de sus mayores desafíos. Si juegas bien tus cartas, puedes confundirlas hasta el punto de que tendrían que dejarte solo y buscar objetivos mucho más fáciles. ¿Cómo los confundes? Cuando estén tratando de llegar a ti con tus ojos, deja que lleguen al punto en que piensen que casi te han atrapado y hazles saber que todavía están muy lejos de penetrar en tu mente. Una vez que se dan cuenta de que cuanto más se acercan a tu mente, más difícil se vuelve, se confunden porque te volverás más loco de roer.

Debe saber que esto también requiere mucha práctica. No puedes simplemente despertarte una mañana y decir que no podrás controlar tu mente, pero si practicas lo suficiente y tomas las precauciones adecuadas en el momento adecuado, hay una buena probabilidad de que no lo hagas. puede ser controlado por cualquier persona, pero si va a ser controlado de alguna manera, no será fácil para las personas que intentan controlarlo a usted y a su mente.

Este es solo un ejercicio que puede usarse para prevenir el control mental. Otros pueden ser igualmente efectivos o más efectivos según sea el caso.

Ejercicio 2: no permita que las personas copien tu lenguaje corporal

Esto es probablemente algo que pensaste que estaba lejos de ser importante, pero lo es. Si está en presencia de una persona tratando de controlar su mente y descubre que la persona está sentada de la manera en que está sentado, o que la persona refleja sus movimientos de alguna manera, tenga en cuenta que la persona está tratando de controlarlo. entrar en tu mente de alguna manera. Es por eso por lo que es importante tener en cuenta su entorno en todo momento, ya que podrían llegar a usted simplemente reflejando sus gestos con las manos.

Es posible que no los notes haciendo esto porque pueden ser tan sutiles como posiblemente puedan. Si incluso entra en contacto con los profesionales, existe una gran posibilidad de que no pueda averiguar qué están haciendo hasta que sea demasiado tarde para volver. Es importante saber que puedes descubrir a la persona si esa persona es nueva en el juego.

La cuestión es que los profesionales son muy limpios en su juego, tan limpios que es posible que no sepas lo que están haciendo hasta que terminen, pero cuando se trata de un novato, puedes ver lo que está haciendo casi de inmediato. porque no son tan limpios como los profesionales. Un profesional reflejaría tus movimientos y gestos en voz muy baja, lo que significa que nunca los verías hacerlo, pero un novato, por otro lado, puede tender a cambiar sus gestos de inmediato. Cambias el tuyo. Así es, hay un gran regalo. Cuando note que algo así sucede a su alrededor, sepa que la persona con la que está tratando es un novato a lo grande, y todo lo que tiene que hacer es meterse con ellos y divertirse con ellos. Puede cambiar sus gestos y movimientos con la mayor frecuencia posible y verlos confundirse y desmoronarse.

Como de costumbre, hay ciertas cosas que no desea hacer cuando una persona está tratando de reflejar sus movimientos de alguna manera. Estas cosas incluyen:

- **Nunca te sientes en un lugar**: Esta es probablemente la última cosa que quieres hacer, especialmente si la persona que intenta reflejarte está justo frente a ti. Cuando estás en presencia de alguien así, todo lo que tienes que hacer es seguir moviéndote. No necesitas moverte como un loco. Si no, sabrían que los has hecho.

Simplemente muévase de manera informal como si no tuviera idea de lo que está sucediendo a su alrededor, y si puede estar en la mayor cantidad de lugares posible y aún hacer tantos gestos como sea posible, hay una buena posibilidad de que no puedan mira a dónde vas. Algunos de ellos pueden sentirse tan frustrados y decidir llamar su atención al pararse sutilmente frente a usted para que olvide lo que está haciendo exactamente, pero cuando lo hacen, siempre puede cambiar sus gestos una y otra vez para meterse con sus cabezas.

- **Cuida tu entorno**: Esto puede ser difícil para algunas personas porque hay muchas personas a las que les resulta muy difícil preocuparse por su entorno, sin importar cuánto tiempo intente enseñarles. Esto se debe a que están más centrados en las cosas que suceden justo en frente de ellos y no ven lo que sucede a su alrededor.

Si eres ese tipo de persona, entrar en tu mente sería pan comido porque si quieres notar que alguien intenta atraparte, debes estar atento a tu entorno con cada oportunidad que tengas. No vea algo extraño en el camino o en su casa y déjelo así. Intenta investigar lo más posible incluso si no llegas solo.

La conclusión de todo esto es que si sabes lo que está sucediendo a tu alrededor, podrás abordarlo y abordarlo antes de que sea demasiado tarde, y cuando lo abordes lo suficientemente temprano, no hay absolutamente ninguna manera de que una persona puede controlar fácilmente tu mente.

Es imprescindible saber que estos consejos no funcionarían para todos, y también debe saber que no podría obtener los mejores resultados si los practica repetidamente. La razón por la que necesitas practicar en este contexto es que hay muchos especialistas expertos en control mental, y debes estar en tu juego en todo momento. No es necesario que se siente pensando que nadie puede entrar en su mente solo porque ha logrado detectar con éxito uno o dos de ellos en su camino. Hay muchas posibilidades de que conozcas a una persona que sea más que un profesional. Este tipo de especialistas en control mental que no necesitan acercarse a usted para saber lo que está haciendo y controlar su mente.

Algunos de estos tipos de personas pueden acudir a usted, y lo único que tienen que hacer es decirle una palabra, y esa palabra puede desencadenar una serie de eventos, y antes de que se dé cuenta, está bajo el control de alguien que acabas de conocer.

Ejercicio 3: Sé siempre consciente de un lenguaje extraño

Esta es otra técnica que utilizan las personas que intentan controlar su mente. Esto no significa necesariamente que van a utilizar otro idioma como el francés, por ejemplo. Estas personas te van a decir algunas cosas. Cosas de las que no sabes el significado, cosas que no escuchas todos los días. Puede ser una palabra o un grupo de palabras, pero es que creen que si no sabes lo que están diciendo, sería más fácil para ellos poner diferentes ideas en tu cabeza y, al mismo tiempo, tratar de hipnotizar tú.

Estas personas tienden a usar un lenguaje vago en ti, y sin que te des cuenta, puedes estar entrando lentamente en trance. Se sabe que este proceso toma el menor tiempo posible, lo que significa que la persona no tiene que hablar con usted durante mucho tiempo antes de ponerlo en trance. Podría suceder con solo un chasquido de dedos.

Debes saber que este tipo de control mental no solo se puede hacer en persona. La clave aquí es la voz de la persona que está tratando de controlar tu mente. Todo lo que tienen que hacer es hablar con usted, ya sea por teléfono o no. Lo único que quieren que hagas es escuchar su voz y escuchar todas las cosas vagas que quieren que digas, y si no sabes o sabes y decides olvidarte de eso, estarías cayendo en su trampa.

La razón por la cual esta técnica funciona muy bien es porque las personas que saben cómo controlar las mentes también saben cómo hablar y todo lo que tienen que hacer es encontrar ese punto dulce donde literalmente ya no sabes lo que está sucediendo, y cuándo lo han hecho. que no dudarían en explotarlo para su beneficio. Puede ver todo esto desde una milla de distancia, y puede evitarlo si lo ve a tiempo, pero no será fácil. Existen algunas técnicas que podría utilizar para salir de su trampa, e incluyen:

- **Nunca finjas que entiendes**: Aquí es donde mucha gente se equivoca y termina siendo hipnotizada de una forma u otra. La cuestión es que si no sabes lo que dice una persona y sientes que la persona lo dice para plantar ideas en tu cabeza, abandona la conversación lo más rápido que puedas.

  A alguien muy hábil en control mental le tomaría solo unos minutos entrar en su cabeza sin ningún tipo de estrés. Si está hablando con una persona o un grupo de personas y nota que comienzan a usar un lenguaje vago, no finja que lo sabe en absoluto.

  Esto se debe a que cuanto más finjas, más fácil es para ellos descubrir tu mente. Entonces, cuando estás en una conversación y no entiendes, todo lo que tienes que hacer es intentar que la persona que habla contigo sepa que no entiendes y, si no se detiene, termina la conversación porque si te quedas asintiendo con la cabeza una y otra vez por palabras que no entiendes, podrías terminar haciendo cosas que no recuerdas por qué estás haciendo. Porque estabas hipnotizado.

Esta técnica en particular es probablemente lo único que puede hacer para asegurarse de no caer en manos de personas que están tratando de controlar su mente de ninguna manera. Cuando comienzas a comprender que incluso la más mínima palabra o grupo de palabras puede fácilmente hipnotizarte, no hay forma de que puedas bajar la guardia. Si quieres sacar más provecho de esto, practica terminar la conversación con otras personas y sorpréndete con los resultados.

Capítulo 6: Comprensión de la manipulación

Casi cada uno de nosotros debe haber estado en esta posición. Una persona acude a usted para hacer una solicitud que parece razonable o aconsejarle que tome una decisión que, en sus palabras, es "por su propio bien". Mientras tanto, no te sientes cómodo y tus entrañas se están quemando. Ese sentimiento es común cuando estamos experimentando un intento de manipulación por parte de alguien.

Sin embargo, estas cosas no se pueden prevenir, ya que las personas usan muchas tácticas de manipulación con demasiada frecuencia. La manipulación es el ejercicio de una influencia inapropiada sobre una persona, tratando de explotarla emocional y mentalmente para obtener poder, control o disfrutar de ciertos beneficios o privilegios a su costa.

Manipular no es lo mismo que "influencia social" porque este último no necesita que nadie lo fuerce. Un influencer social no necesita causar daño a una persona antes de influir en sus elecciones o preferencias. Sin embargo, los manipuladores desearían causar un desequilibrio de poder para poder aprovechar las debilidades de las personas y perseguir sus propios deseos personales.

La manipulación puede ser realizada por cualquier persona, incluidos aquellos que están muy cerca de nosotros, como miembros de la familia, amigos, amantes e incluso nuestros hijos. Dado que las tácticas de manipulación están aún más cerca de lo que pensamos, ¿cómo podemos identificar quién nos está manipulando y cuándo lo están haciendo? Por lo general, es difícil estar cerca de una persona manipuladora porque puede ser agotador e inducir una falta de confianza en ti mismo.

No es tan fácil detectar cuándo alguien nos está manipulando, pero al menos podemos tratar de analizar su comportamiento y saber si las personas están haciendo cosas con fines de manipulación o no. Estas son algunas de las características utilizadas para identificar a un individuo manipulador.

1. Encuentran con facilidad hacer sentir culpable: Una persona manipuladora no comprende el concepto de aceptar la culpa. En cambio, tratarán de pasar la culpa hacia ti o de culparte. Es muy posible que no les hayas hecho nada malo, pero intentarán cambiar los sentimientos hacia ti y hacerte sentir culpable y terrible por la situación.

Te encienden fácilmente las cosas y te hacen sentir que no te importa, incluso cuando lo haces. Los manipuladores pueden hacer que te sientas como si no te importara e incluso pueden hacerte sentir terrible y culpable por estar en una mejor posición o tener más en la vida que ellos, todas estas cosas son algo sobre lo que tienes poco o ningún control. Su actitud puede hacer que desarrolles ansiedad y culpa y, a veces, también podrías desarrollar dudas.

2. Las personas manipuladoras erosionan gradualmente su autoconfianza: Por lo general, los manipuladores desearán que tengas poca o ninguna confianza en ti mismo porque esto hará que tengan más poder sobre ti. Podrán romperte hasta que te sientas menos que ellos.

Una persona manipuladora comentará sobre cosas que afectan su autoconfianza, sabiendo muy bien que aumentará su autoconciencia y puede destruirlo. Esto lo pueden hacer personas muy cercanas a usted. Cuando puedan llevarte a un punto bajo, se sentirán mejor consigo mismos y les resultará fácil aprovecharse de ti.

Esto te hará sentir aún más triste y negativo, y la única manera de salvar tu situación es aprender cómo deshacerte de las personas negativas.

3. No reconocen la culpa: Mucha gente manipuladora se negará a aceptar la culpa de las cosas que hicieron. En cambio, querrán echarle la culpa a ti, incluso cuando no tengas ninguna mano en la situación. Harán lo que puedan para hacerte sentir que has cometido un delito tan grave. Esto les da aún más poder para explotarte.

Esto siempre será un gran peso para usted, especialmente si está en una relación o grupo de amigos, porque su manipulador nunca tendrá la culpa de nada, mientras usted siga teniendo la culpa, incluso cuando no es su culpa. Esto puede estresarlo, ponerlo ansioso y no sabrá cómo liberarse de esta tortura emocional porque la persona manipuladora siempre tratará de mantener ese poder que tiene.

4. Las personas manipuladoras a menudo cambian de tema fácilmente: Las personas manipuladoras a menudo siempre se preocupan solo por sí mismas. Esto significa que siempre que tenga una discusión o discusión que amenace con exponer sus rasgos manipuladores, cambiarán fácilmente el tema o cambiarán de tema.

Si se dan cuenta de que son los malhechores, rechazarán la conversación y pronto descansará en usted o en algo que no se relacione con la conversación en absoluto. De esa forma, pueden evitar la verdad, evitar recibir la culpa y aún tener el poder de controlarlo en la situación.

Esto podría sumergirlo en un estado de desesperanza sabiendo que no hay forma de que pueda ganar, por lo que renuncia y continúa con la otra conversación y aún así les da el poder para aprovecharse de usted. En realidad, esto muestra que lo que tiene la intención de decir no tiene nada que ver con ellos y que no están emocionalmente disponibles, excepto que los beneficiará.

5. Los manipuladores racionalizan su comportamiento: Cada vez que una persona manipuladora hace algo malo, todavía no lo mostrará. Todavía encontrarán una manera de hacer que se vean bien y racionalizar ese acto que retrataron. Cuando hacen esto, siempre estarán en lo correcto a pesar de cualquier argumento que les arrojes porque están preparados para racionalizar su comportamiento.

Debido a esto, no prestarán atención a nada de lo que tenga que decirles, pero le permitirán terminar de hacer sus puntos, luego se justificarán por sus acciones y le harán aceptar que su comportamiento fue correcto. Un manipulador siempre tiene la razón y su comportamiento siempre está bien y justificado aunque no lo sea.

Cómo usar técnicas de manipulación

Hay momentos en los que necesitas algo tan urgentemente que tienes que manipular a las personas para que lo obtengan. Esto significa que debe poder analizar a las personas y saber qué técnica utilizar mejor. Sin embargo, estas son algunas de las mejores técnicas que puede utilizar para navegar su vida en su mejor interés.

1. La técnica de miedo y alivio: Básicamente, esta técnica de miedo y alivio tiene mucho que ver con jugar con las emociones de la otra persona. Aunque esta técnica puede generar mucho estrés y ansiedad, funciona muy bien.

Solo hay dos pasos simples a seguir:

Lo primero que debe hacer es crear algo que la otra persona temerá. Esto los hace muy vulnerables y puede cambiar esa vulnerabilidad para su beneficio. Intenta ofrecerles algo para aliviar el miedo que están experimentando.

Esta táctica solo es difícil porque tienes que saber con qué asustar al individuo. No hay manera de que puedas asustarlos al mencionar cosas aterradoras en el acto pensando que desarrollarán miedo en el acto. Tienes que tener una idea de lo que dirás y cómo lo dirás de antemano. Entonces también necesitará crear esa solución que los rescatará de la sensación incómoda que creará.

Esta táctica es una de las formas en que los medios intentan mantener a los espectadores enganchados a su estación. Por ejemplo, el canal de noticias puede presentar una noticia aterradora sobre un anuncio muy dramático. Podrían hablar sobre un nuevo brote de virus que afecta a la ciudad y que definitivamente infundirá miedo en las personas. Por lo general, terminan las noticias con consejos para que los televidentes permanezcan pegados a la estación si desean obtener más información sobre cómo evadir el virus mortal. Ahora han creado rápidamente una solución al miedo que causaron.

Como no eres un canal de noticias, puedes pensar que esta técnica es irrelevante para ti, pero puedes usarla para hacer que la gente le tenga miedo a las cosas. Podrían ser sus relaciones u objetivos profesionales. Solo piense en algo creativo, estudie su objetivo y presente una mejor manera de hacer el método por usted mismo.

En el momento en que la persona muestra signos de darse por vencida, intente ayudarla mientras busca formas de aliviar el estrés y desahogarse. Lo que haces es desarmar a la persona sumergiéndola en cambios de humor. Esto los hará aún más abiertos a hacer lo que sea que les pidas y eventualmente lo harán.

2. Técnica de reflejo: Muchas personas a menudo usan esta técnica. Tiene dos partes. Al principio, usted es el que refleja a esa persona en la que tiene la intención de influir y después de eso, será el que lo refleje a usted.

Esto ayuda a construir un vínculo y confianza entre usted y esa persona y crea una relación que finalmente tendrá que explotar. Esto es básico y fácil de hacer. Primero, copia el comportamiento de la persona. Observe su lenguaje corporal, gestos con las manos, expresiones faciales y el tono de voz utilizado. ¿Están de pie con las manos cruzadas? Párate de la misma manera. ¿Están haciendo conversaciones tranquilas sin mostrar muchas emociones? Hablar de la misma manera.

Sin embargo, mientras se trata de copiar sus acciones, hágalo con el mayor cuidado posible. Si lo haces tan obvio que has estado observando y reflejando a esta persona, sospecharán de ti. Esto será algo malo para ti porque no avanzarás con ellos.

Ahora, suponiendo que pueda reflejarlos sin ser detectados, la persona comenzará a sentir que están conectados con usted. Es en este momento que confiarán en ti fuertemente, creando una oportunidad y haciéndose vulnerables a la manipulación. Una cosa muy sorprendente que notarás es que ahora comenzarán a reflejar tu propio comportamiento. Si esto sucede, ha podido completar el proceso de creación de confianza.

Si quieres llevar tu manipulación más lejos, entonces debes dominar esta técnica porque puedes influenciar fácilmente a una persona. Mientras se haya creado una relación, puede comenzar a utilizar con éxito los otros métodos disponibles. Asegúrese de que su duplicación tome tiempo y no espere tener éxito con todo después de solo unos minutos de intentarlo. A veces puedes seguir intentándolo durante horas antes de que la persona se sienta bien contigo.

3. Usa el enfoque culpable: Esta es una forma comprobada de manipular efectivamente a una persona. El poder de hacer que alguien se sienta culpable por algo ya sea por su culpa o no, no debe socavarse. Una persona que se siente culpable por algo hará todo lo posible para compensarlo. Si los coloca en esa posición, será mucho más fácil sugerirles sus propias ideas.

En este punto, estás llenando sutilmente su mente subconsciente con tus propias ideas y esperando hasta que puedan fluir con la marea. Puede usar esta táctica con éxito en aquellas personas que pueden sentirse fácilmente culpables ya sea porque han traicionado su confianza una vez o lo han decepcionado en el pasado.

Pero entonces, usar la culpa para manipular a las personas no está tan oculto. Es bastante obvio que está haciendo lo que hace porque quiere algo y si no se tiene cuidado, las personas que lo rodean pueden sospechar que está siendo manipulador. Pero a pesar de eso, funciona muy bien y es una técnica fácil.

Se trata más de recordarle a la persona que haga algo por usted al referirse a las cosas que ha hecho por ella en el pasado o hacer que se sienta mal por decepcionarlo y negarse a hacer algo para compensarlo.

4. Juega la carta de la víctima: Jugar a la víctima es algo que puedes hacer junto con la técnica de culpa. Si desea la máxima satisfacción y resultados, intente combinar ambos métodos. Sin embargo, debe tener cuidado con el hecho de que jugar la carta de la víctima también puede resultarle desfavorable si lo hace. Tenga cuidado de no usarlo en exceso.

Este es un escenario simple donde te presentas como su víctima y tratas de hacerlos sentir como si te estuvieran instruyendo. Puede hacer esto haciéndoles sentir que son los que están haciendo la manipulación.

Puede hablar sobre cómo no merece recibir el tratamiento que le están dando. Incluso puede preguntarles si tratan mal a todos o si simplemente están siendo así con usted porque lo odian. Incluso puedes tratar de apelar a su conciencia preguntándoles qué mal cometiste para que te traten de esta manera.

Este tipo de palabras hacen que las personas sientan que te están resistiendo y que son groseras. Debido a la culpa que sienten, se volverán más amables contigo y eventualmente se convertirán en tus deseos.

5. Método de bombardeo de amor: Este tipo de táctica de manipulación emocional es utilizada principalmente por narcisistas. Lo usan durante las primeras etapas de interacción con la persona que será influenciada. Todo lo que haces es mostrarles mucho afecto positivo y atención y se sentirán atraídos por ti porque te ven como una buena persona.

Naturalmente, los humanos tratarán a las personas que les muestran amor amablemente y pronto caerán profundamente en el espacio emocional que ha creado para ellos. La víctima comienza a abrirse y a crear algunos sentimientos hacia usted y se ve nublada por la postura positiva que adopta.

Sin embargo, no esperes que el método de bombardeo de amor funcione para todos. No intentes usar un solo método para todos. Las personas que son más vulnerables al método de bombardeo de amor son aquellas que ya desean el amor y el afecto de las personas. Cuando una persona ya está sola y busca interactuar positivamente con otras personas, entonces son fácilmente vulnerables a esta técnica.

Sin embargo, después de usar el método y verlo funcionar, debe tomarlo con calma con los siguientes pasos que tomaría. No deje sus intenciones claras lo suficientemente temprano y no muestre una sonrisa falsa durante unos minutos y luego proceda a solicitar lo que desee. Serás fácilmente detectado.

Muchos grupos y cultos usan los métodos de bombardeo de amor en sus miembros y fácilmente atraen a millones para ellos. Primero, son muy amables con usted y usted puede o no pensar en las intenciones que tienen porque son hábiles para esconderse para no asustar a la gente.

Sin embargo, después de un cierto tiempo en el que ha sido engañado con éxito para registrarse en su grupo, mostrarán sus colmillos manipuladores, pero debido a que se ha dejado llevar por su enfoque positivo y ya no comprende lo que está sucediendo, se dejará convencer fácilmente.

6. Prueba la técnica del soborno: Este método de manipulación también funciona bastante bien. Cada vez que recompensas a una persona, se sentirá obligado a hacer lo mismo por ti. Puede usar esto en su propio interés.

Lo que debe hacer es descubrir las cosas que su amigo o conocido quiere y simplemente proporcionárselas. Después de eso, haga una sugerencia sobre querer recuperar algo. Sin embargo, asegúrese de no hacer que parezca que los está chantajeando. Verán a través de ti y no te gustará el resultado. Asegúrate de presentarte como una persona que quiere ser realmente amable con ellos.

Esta técnica es muy fácil de usar siempre que no deje en claro cuáles son sus intenciones reales. Todo lo que haces es fingir que eres una buena persona para que cuando des las cosas que quieres, la gente lo vea como un gesto agradable. Esta técnica de manipulación es utilizada por personas que van desde vendedores, departamentos de marketing y otras personas que buscan el favor. De los estudios realizados por expertos, cuando las personas obtienen un pequeño favor de los demás, se sienten motivadas a hacer un favor aún mayor.

Solo puedes hacer esto por tiempo. Debes saber el momento en que las personas quieren cosas y lo que quieren para que las cosas que les des sean importantes.

No puede simplemente darle a su jefe algo como un bolígrafo a cambio de una promoción solo en una hora. Debes tener cuidado porque debes tener la confianza y la conexión de las personas a las que quieres influir antes de influir en ellas.

Además, no piense que tiene que comprarle a la gente cosas caras antes de poder ganárselos. Puede ser con pequeñas cosas como obtener café gratis de vez en cuando o compartir sus dulces con ellos ocasionalmente. Esto hará que tengan una actitud relajada contigo y cuando solicites algo, tendrán la mentalidad de que eres una buena persona para ellos y querrán ayudarte.

7. Conviértete en un buen oyente y realmente aprende mucho sobre una persona: Los manipuladores no son magos que solo susurran algunas palabras mágicas o usan algunas palabras de código para apoderarse de su cerebro y controlarlo de la manera que quieran. Así no es cómo funciona.

Si desea utilizar sus tácticas, deberá desarrollar la confianza y la conexión entre usted y la persona de interés. Cuando alguien no confía, no querrá colaborar con usted en nada, y eso significa que ya no es posible influir en él. Esta es la razón por la que deberías ser su amigo. ¿Qué mejor que hacer eso que ser un buen oyente? Hay dos maneras de ser un buen oyente que te ayuda a influir en las personas:

- Cuando eres un buen oyente, la persona percibe cierta cantidad de amistad durante la conversación. Cuando las personas notan que estás interesado en las cosas que dicen, te vuelves más confiable y atractivo. Las personas que no tienen muchas interacciones sociales te recibirán fácilmente en sus vidas debido a su desesperación por tener compañía. Te contarán acerca de sus vidas, hablarán sobre las cosas que hicieron hace unas horas, dónde será su próximo lugar de vacaciones, e irán tan lejos como te abrirán su vida íntima. Ni siquiera tiene que hacer mucho, pero escuche en silencio. Si no te gusta lo que escuchas y es aburrido, solo haz que piensen que estás interesado.

- Comienzan a desarrollar mucha confianza hacia ti cuando en algún momento durante la conversación, puedes recordar y decirles algo que una vez te dijeron. Cuando hagas esto, comenzarán a creer que en realidad estabas mostrando un cuidado genuino y que estabas escuchando.

Si la conversación fue aburrida, existe la posibilidad de que no le resulte fácil recordar las cosas que dijeron durante la conversación porque realmente quería manipularlas. Pero intenta todo lo que puedas para no olvidar algunos detalles necesarios. Si decían mucho sobre sus vacaciones, no tiene que contarles todo al respecto, simplemente puede observar cómo fueron las vacaciones.

8. Aprende a leer el lenguaje corporal de las personas: El lenguaje corporal es muy importante y necesario para influir en las personas. Las personas dan muchas expresiones sobre cómo se sienten a través del lenguaje corporal que usan en lugar de palabras.

Siempre que piense que se está tomando demasiado tiempo para comprender lo que hace una persona, simplemente centre su atención en su lenguaje corporal. La gente considera que leer el lenguaje corporal es arte. Para que tengas el poder total de manipular a una persona sin esfuerzo, deberías poder descubrir cómo esa persona está formada emocional y psicológicamente. Tendría que aprender muchas características sobre ellos, incluido su lenguaje corporal. Es fácil o conveniente para las personas mentir y torcer lo que dicen con mucha facilidad, pero luego no pueden esconderse o mentir sobre los signos que su cuerpo está enviando.

Otra cosa que debes considerar es que las personas responden fácilmente a las emociones más que otras cosas. Cuando la persona a la que está apuntando influir es muy emocional, entonces no tiene más remedio que jugar con sus emociones.

Leer el lenguaje corporal no es una actividad complicada, pero es necesaria y una de las cosas básicas que necesitará si desea manipular a otra persona.

No tiene ningún código secreto ni ninguna cosa oculta que deba hacer antes de dominar cómo usar las expresiones corporales de las personas para influir en las personas. Algunas de las expresiones básicas que debe tener en cuenta incluyen:

Cuando ves a alguien que se ha cruzado de brazos, cuya cara parece carente de expresión y evita el contacto visual con otras personas, entonces muestra su desinterés por tener una conversación con alguien. También puede significar que la persona está pasando por estrés, está enojada o infeliz.

Si una persona está relajada y cerca de usted con una expresión facial emocional y mantiene un contacto visual prolongado, significa que quiere comprometerse, tener un estado de ánimo positivo y estar abierta a conversar con usted.

9. Usa tu apariencia en tu mejor interés: No importa cómo juzguemos a las personas, pero la naturaleza humana tiene un grado de superficialidad. Los humanos están naturalmente conectados para ser atraídos por personas con carisma. Cuando tienes buena apariencia, es bastante fácil darle un buen uso e influir en otras personas. Verdaderamente, la vida no es tan difícil para aquellos con buena apariencia, pero no tienes que depender solo de eso para llegar lejos. Debe esforzarse más y aprender cómo hacer que lo ayude a crecer.

Junto con su carisma, también debe desarrollar una actitud positiva y alegre, y también tener un lenguaje corporal que no desanime a las personas. Cuando logra que esto suceda con éxito, puede cosechar los beneficios en su trato personal y en su vida profesional. Haga que las personas sientan que tienen algo especial en ellas y siempre retrate que tiene confianza en sí mismo. Sin embargo, no tiene que hacerlo en exceso porque, a pesar de su carisma, la gente no querrá asociarse con usted si es arrogante.

10. Debes enfocarte en sus sentimientos, pero asegúrate de haber dominado el tuyo primero: Si quieres manipular a las personas fácilmente, haz que se enamoren de ti. Vigílelos de cerca y cada vez que esa persona deje de ser racional y comience a ser emocional, entonces debe estar listo para hacer su movimiento y hacer que hagan lo que quiere de ellos. Antes de hacer eso, primero debes actuar como su guía y soportar que hayan desarrollado ciertos sentimientos hacia ti. A muchas personas que han perfeccionado el arte de la manipulación les gusta usar esta táctica porque si no eres capaz de controlar tus propias emociones, podrías ser el que termine siendo manipulado. Debes saber cómo crear simpatía y miedo sin tener que caer en la trampa que hiciste para los demás. Sin embargo, esa es la parte difícil, pero puedes aprenderlo.

Conclusión

¿Cómo fue todo eso? Realmente espero que la información en este libro y la forma en que fue entregada le haya resultado útil. Muchos días de arduo trabajo se dedicaron a escribir este libro. La información tenía que ser probada y relevante. Pero eso es todo. Si este libro traerá algún cambio positivo a su vida, también debe trabajar. No solo lea los ejercicios y pare en aplaudir o criticar. En realidad, pruébelos usted mismo.

No tiene que conformarse con las limitaciones, y esta es la moraleja de este libro. Muy pocas cosas pueden interponerse en el camino de alguien que pueda proteger sus mentes de la manipulación y persuadir efectivamente a cualquiera.

Referencias

Bloom, S. (2018). Activities for nonverbal communication. Retrieved from

    https://bizfluent.com/4934834/activities-for-nonverbal-communication

Forsey, C. (n.d.). How to handle manipulative coworkers, managers and clients like a

    pro. Retrieved from https://blog.hubspot.com/marketing/manipulators

Hill, R. (n.d.). How to manipulate people - expert manipulation techniques. Retrieved

    from https://www.psychologium.com/7-ways-to-manipulate-someone-to-do-anything-you-want/amp/

Maharjan, P. (2018). Activities related to nonverbal communication. Retrieved from

    https://www.businesstopia.net/communication/nonverbal-communication-activities

Price, L. (2016). Nonverbal communication exercises for the drama class. Retrieved

    from https://www.theatrefolk.com/blog/nonverbal-communication-exercises/

Segal, J., Smith, M., et al. (2019). Nonverbal communication. Retrieved from

    https://www.helpguide.org/articles/relationships-communication/nonverbal-communication.htm

Lightning Source UK Ltd.
Milton Keynes UK
UKHW022256301120
374378UK00005B/820